Susanne Degenhardt

MIT HERZ *und* VERSTAND

31 Jane-Austen-Andachten

BRUNNEN
Verlag GmbH · Giessen

MIX
Papier aus verantwortungsvollen Quellen
FSC® C083411
www.fsc.org

www.brunnen-verlag.de
Idee & Lektorat: Konstanze von der Pahlen
Umschlaggestaltung: Daniela Sprenger
Umschlagillustration: Adobe Stock
Satz: Brunnen Verlag
Druck: CPI books, Deutschland
ISBN Buch: 978-3-7655-3704-2
ISBN E-Book: 978-3-7655-7642-3

Meinem Mann Daniel
und meinen Töchtern
Hanna und Rebekka

Inhalt

VORWORT

Meine liebe Leserin,

ganz offenbar haben du und ich eine Gemeinsamkeit: Wir lieben Jane Austens wunderschöne Romane und alle Bücher und Filme, die uns in die Welt dieser außergewöhnlichen englischen Schriftstellerin entführen. Jedenfalls vermute ich, dass das der Grund ist, weshalb du zu diesem Buch gegriffen hast.

Vielleicht warst du aber auch einfach nur neugierig, was sich zwischen diesen beiden Buchdeckeln verbirgt? Dann hat die Grafikerin alles richtig gemacht! Wunderschön illustrierte Bücher mit ebenso hübschen Covern über das Leben unserer geliebten Autorin gibt es ja bereits viele. Wir erfahren darin, wie sie lebte, dass sie Humor hatte und Sätze formulierte, die sich für Zitatesammlungen, Postkarten und Tassen bestens eignen. Dass sie das siebte Kind von acht in der Familie Austen war und viel zu früh starb.

Was fast alle Biografien jedoch außer Acht lassen, ist die Tatsache, dass Jane Austen „ein tief religiöser Mensch“ mit „christlichen Überzeugungen“ war.[1] Nachdem ich nahezu alle Biografien gelesen habe, die es auf dem deutschsprachigen Markt über Jane Austen gibt, frage ich mich, warum ihr Glaube darin häufig nur eine Randnotiz ist. In ihrem Leben spielte der Glaube nämlich eine nicht unbeträchtliche Rolle.

Einen großen Anteil daran hatte sicherlich ihr Vater, George Austen, der Pfarrer war. Auch ihre Mutter Cassandra war schon in einem Pfarrhaushalt aufgewachsen. Janes ältere Brüder James und Henry führten diese Tradition fort und schlugen ebenfalls die Laufbahn eines Pfarrers ein. Und ihr Bruder Francis machte als „Offizier, der in der Kirche kniet“[2], Karriere.

Nun war der Beruf eines Pfarrers damals nicht unbedingt ein Beweis dafür, dass der Glaube auch gelebt wurde, wie wir den Diskussionen zwischen Edmund Bertram, Fanny Price und den Rushworth-Geschwistern im Roman „Mansfield Park“ entnehmen können. Janes Vater, George Austen, schien jedoch nicht zu den Pfarrern zu gehören, die lediglich salbungsvolle Worte von der Kanzel erklingen ließen. Er predigte aus ganzem Herzen und lebte, was er verkündete.

Zum Gottesdienst begleitet wurde der anglikanische Geistliche, wie man Janes Briefen entnehmen kann, von der gesamten Familie – und zwar sonntags gleich zwei Mal! Die Gottesdienste dauerten jeweils zwei bis drei Stunden, und wenn die Austens mal nicht daran teilnehmen konnten, gab es daheim eine kleine Andacht: „Abends hatten wir eine Psalmenlesung und eine Predigt“[3], erzählte Jane Austen ihrer Schwester am 24. Oktober 1808 in einem Brief.

Dem Jahresverlauf entsprechend wurden morgens und abends Gebete und Psalmen aus dem „Book of Common Prayer“ (Buch des gemeinsamen Gebets) gelesen, das das persönliche Glaubensleben der Mitglieder der Anglikanischen Kirche und somit auch das Leben der Autorin sehr prägte. Nicht nur im privaten Rahmen oder bei Krankenbesuchen, auch zu feierlichen Anlässen wie Taufen, Trauungen, Bestattungen und beim Abendmahl wurden Texte und Gebete daraus entnommen. Wie gut Jane Austen diese Agende kannte und verinnerlicht hatte, zeigen ihre eigenen, schriftlich festgehaltenen Gebete, die denen des Gebetbuches sehr ähnlich sind.

Gott sei Dank hat ihre Schwester Cassandra sie aufgehoben. Wie eine kleine Kostbarkeit faltete sie die Bögen Papier, auf die Jane Austen ihre Gebete notiert hatte, zusammen und beschriftete sie mit den Worten: „Prayers composed by my ever dear Sister Jane" (Gebete, verfasst von meiner stets geliebten Schwester Jane). Sie sind uns bis heute erhalten.

Neben den Gottesdienstbesuchen und dem Gebrauch des Gebetbuches wurde natürlich in der Bibel gelesen, und zwar meistens vor dem Schlafengehen. Außerdem studierte Jane Austen gerne Predigten von anderen Geistlichen und erzählte ihrer Schwester lebhaft davon, was ihr gefallen und weniger gefallen hatte.

Den letzten und für alle sichtbaren Hinweis auf Jane Austens Glauben finden wir übrigens in der Kathedrale von Winchester. Dort heißt es auf der Grabinschrift, die Janes Brüder verfasst haben: „Sie hat dieses Leben verlassen, gestärkt durch die Geduld und die Hoffnung einer Christin."[4]

Mir selbst war das bis vor wenigen Monaten nicht bewusst – und das, obwohl ich schon seit meinem sechzehnten Lebensjahr ein großer Fan von Jane Austens Romanen bin! Die Verfilmung von „Sinn und Sinnlichkeit" mit Hugh Grant, Emma Thompson und Kate Winslet war der Auslöser dafür, dass ich vom Jane-Austen-Fieber gepackt wurde. Der Kinofilm „Emma" mit Gwyneth Paltrow und die BBC-Serie „Stolz und Vorurteil" verleiteten mich schließlich dazu, ihre Romane in die Hand zu nehmen. Irgendwie hat mich schon immer fasziniert, wie die Menschen damals lebten, wie es auf dem Land oder in der Stadt zuging, im Alltag, bei Teebesuchen, Gesellschaften, Bällen, wie die gesellschaftlichen Hintergründe waren und vieles mehr.

Als ich dann einen Artikel las, in dem der Journalist Markus Spieker schrieb, dass meine Lieblingsautorin eine gläubige Christin war, war ich wie elektrisiert. Ich begab mich auf eine Entdeckungsreise durch ihre Bücher und Briefe. Was genau würde ich finden?

Tatsächlich sind in den meisten Romanen von Jane Austen die Glaubensaspekte nicht besonders offensichtlich – abgesehen vielleicht von „Mansfield Park", wo Edmund Bertram um das Ansehen der Geistlichen kämpft. Bei genauem Hinsehen kann man jedoch in allen Büchern ihre Werte, die sie aus dem christlichen Glauben zog, herauslesen, wie beispielsweise Nächstenliebe („Emma"), Vergebungsbereitschaft („Stolz und Vorurteil") und Trauerbewältigung („Gefühl und Verstand").

Jane Austens Briefe und die von ihr verfassten Gebete, die ich in englischen Büchern entdeckte, sind dagegen ein wesentlich stärkerer Ausdruck ihres Glaubens. Inzwischen gehen die Meinungen auseinander, ob wirklich alle drei überlieferten Gebete von ihr stammen, deshalb habe ich mich auf das eine beschränkt, das sie mit großer Wahrscheinlichkeit selbst verfasst hat, und Teile davon hier einfließen lassen.

Nun hältst du also mein Buch in den Händen! Ich lade dich ein, es dir bei einer Tasse Tee oder Kaffee gemütlich zu machen und dich von Jane Austens Worten und Gebeten, die von „Herz und Verstand" zeugen, ebenso berühren zu lassen wie von ihrem Humor und ihrer außergewöhnlichen Beobachtungsgabe. Gönn dir mit Jane und mir eine kleine Auszeit! Mein Herzenswunsch ist es, dass du dabei unserem Schöpfer höchstpersönlich begegnest und für deinen Alltag, deine eigenen Herausforderungen und Fragen ermutigt wirst.

Das Buch ist so gestaltet, dass du dich – wenn du möchtest – auf eine einmonatige Reise begeben kannst. Auf den Spuren von Jane Austens Glauben erhaschst du einen neuen Blick auf ihr Leben. Es ist natürlich dir überlassen, ob du das Buch über einen Monat hinweg täglich oder nach Lust und Laune liest. Vielleicht möchtest du dich lieber von den Themen ansprechen und leiten lassen? Manche Andachten schließen mit einem Gebet ab, das du, wenn es dein Herz anspricht, gerne mitbeten kannst. Mithilfe der angegebenen Bibelstellen und Impulsfragen hast du die Möglichkeit, das jeweilige Thema zu vertiefen und nachwirken zu lassen.

Ich hoffe, dass Jane Austens Texte dich und deinen Glauben ebenso inspirieren wie mich während des Schreibens. Lass dich mitnehmen und eine ganz andere Seite von ihr und ihren Romanen entdecken!

Viele schöne Jane-Austen-Momente wünscht dir
deine Susanne

1

Spazierengehen

An einem Abend sind wir zu Fuß nach Weston gegangen, und es gefiel uns ausgezeichnet. Was gefiel uns ausgezeichnet? Weston? Nein, der Spaziergang nach Weston ...[5]

Jane Austen in einem Brief an Cassandra am 11. Juni 1799

Jane liebte das Landleben und eine schöne Landschaft bereitete ihre große Freude.[6] So ist es nicht verwunderlich, dass sie auch eine fleißige Spaziergängerin war.[7] Wenn man sich Steventon ansieht, wo sie aufwuchs, kann man das nachvollziehen: Satte, grüne Hügel und enge, von Hecken eingefasste Wege laden regelrecht dazu ein, die Natur zu genießen.

Aber auch durch die Parks im hübschen Kurort Bath, wo sie später eine Zeit lang lebte, ist sie sicherlich gerne geschlendert. Dort hätte sie am liebsten in der Nähe der Grünanlage „Sydney Gardens" gewohnt, um jeden Tag in dessen Labyrinth spazieren gehen zu können.[8] Daraus wurde leider nichts. Die Familie zog an den Queen Square.

Von den Paragon Buildings[9] aus, in denen sie zwei Jahre

später, im Mai 1801, bei ihrer Tante und ihrem Onkel zu Gast ist, unternimmt sie erneut einen Ausflug, und zwar in Begleitung einer befreundeten Dame, die nicht näher beschrieben wird. Es zieht die beiden Frauen nach Weston, einen kleinen Ort nahe Bath, ungefähr vierzig Gehminuten entfernt und mittlerweile eingemeindet.

In einem Brief gibt Jane ihrer Schwester einen Einblick in das Abenteuer: „Mrs Chamberlayne und ich haben, wie Du vorausgesagt hast, Freundschaft geschlossen, denn wir geben uns nun die Hand, wenn wir uns treffen. Unser grandioser Ausflug nach Weston wurde auf gestern verlegt und auf spektakuläre Weise ausgeführt. Alle Beteiligten außer uns beiden entschuldigten sich mit einer Ausrede, und so wurde ein Tête-à-Tête daraus. Aber das hätten wir auch schon nach den ersten Metern gehabt, selbst wenn die halbe Bevölkerung von Bath mit uns losmarschiert wäre.

Es hätte Dir Spaß gemacht, unser Tempo zu sehen. Wir gingen den Sion-Hügel hinauf und kehrten über die Felder zurück. Beim Bergsteigen ist Mrs Chamberlayne unschlagbar. Ich konnte nur mit Mühe mit ihr Schritt halten, wollte aber nicht um alles in der Welt zurückbleiben. Zu ebener Erde konnte ich mithalten, und so stürmten wir in praller Sonne dahin – sie ohne Sonnenschirm und mit randlosem Hut, ohne jede Pause – und überquerten den Friedhof in Weston so überstürzt, als hätten wir Angst, lebendig begraben zu werden.“[10]

Die Art von Janes Berichts erinnert mich sehr an Catherine Morland in „Northanger Abbey“. Dieser von ihren sechs Romanen zuletzt erschienene soll in dem Zeitraum fertiggestellt worden sein, in dem sich Jane Austen in Bath befand. Genau wie Jane macht Catherine die Kurstadt in Begleitung ihrer neu gewonnenen Freundin Isabella Thorpe unsicher und streift mit ihr durch die Straßen. Dass sie dabei Spaß und ziemlich viel zu quatschen haben, muss ich wohl nicht erwähnen.

Gehst du auch gerne spazieren? Dann hast du etwas mit Jane Austen gemeinsam. Wenn man ihre Romane mal vor dem inneren Auge vorbeiziehen lässt, stellt man fest, dass sich ihre Liebe zum Spazierengehen darin widerspiegelt. Da ist Emma, die mit Mrs Weston (interessante Namenswahl, nicht?) und Frank Churchill bei einem mehrstündigen Spaziergang durch Highbury und Hartfield streift, Fanny Price, die Sotherton Court und dessen weitläufigen Park besichtigt, und da sind Elinor und Marianne Dashwood, die sich auf ihren Spaziergängen auf windumtosten Hügeln über Mr Willoughby unterhalten und miteinander diskutieren. Nicht zu vergessen Elizabeth Bennet, die eine begeisterte Spaziergängerin ist und nicht davor zurückschreckt, dabei etwas Matsch auf die Kleidung und rote Wangen zu bekommen.

Alle diese Spaziergänge führen in den Romanen zu Begegnungen, die für die weitere Handlung von großer Bedeutung sind. Am deutlichsten wird das in „Vernunft und Gefühl", als Marianne bei „Verzweiflungsspaziergängen"[11] zweimal gerettet werden muss – von zwei verschiedenen Gentlemen. Der eine bricht ihr das Herz, der andere heilt es wieder ...

Jesus war ebenfalls sehr oft „spazieren". Die Bibel spricht an diesen Stellen zwar meist von „wandern" oder „gehen", aber fest steht: Jesus war, anstatt sich auf den Rücken eines Pferdes oder Esels zu schwingen, fast immer zu Fuß unterwegs. Dabei traf er viele Menschen und konnte ihnen direkt auf Augenhöhe begegnen.

Während dieser Stunden des Unterwegsseins erzählte er seinen Jüngern und anderen Zuhörern viele Gleichnisse und flocht darin ein, was es in der Natur zu entdecken gab: Vögel unter dem Himmel, einen verdorrten Strauch, Lilien, Samenkörner, Kräuter und Zweige, Füchse in ihren Gruben ...

Jesus nahm sie als anschauliche Beispiele, um seinen Nachfolgern Gottes Reich begreiflicher zu machen.

Heutzutage verbringen wir sehr viel Zeit in unseren vier Wänden, an der Uni, in der Schule, im Homeoffice, arbeiten in Büros, Ladengeschäften, medizinischen Einrichtungen und Ähnlichem und kommen nur noch selten raus. „Ich rate dir, spazieren zu gehen, die Luft wird dir guttun“[12], empfiehlt Mr Bertram seiner Nichte Fanny in „Mansfield Park“ und diesen Rat gebe ich mir häufig selbst. Am liebsten schnappe ich mir abends meinen Mann und wir gehen wie Elinor und Marianne eine Runde, unterhalten uns und tauschen uns aus über das, was uns gerade beschäftigt.

Es tut meinen Augen richtig gut, den Blick in die Weite zu richten, und es passiert nicht selten, dass wir von unseren Gesprächsthemen abschweifen, abgelenkt durch das, was wir sehen. Der Anblick der Schöpfung Gottes erstaunt und erfreut uns immer wieder.

Solch eine Freude spricht auch aus den Worten des Verfassers von Psalm 19,2 (NLB): „Der Himmel verkündet die Herrlichkeit Gottes und das Firmament bezeugt seine wunderbaren Werke.“ Duftende Blumen am Wegesrand, goldene Felder, ein Regenbogen, bunt belaubte Bäume, weiß glitzernder Schnee, ein blauer oder grau verhangener Himmel, wabernder, mystischer Nebel, der alles bizarr erscheinen lässt, Vorgärten voller Blumen. Egal ob die Sonne scheint oder ob es ein bisschen regnet: Die Natur ist immer da und bereit, von uns bewundert zu werden.

Wie klein fühlen sich unsere Sorgen beim Anblick ihrer Schönheit an und Dankbarkeit erfüllt das Herz – unser „Akku“ lädt wieder auf. Die Gedanken kommen zur Ruhe, lassen sich besser ordnen.

Außerdem belebt die Bewegung an der frischen Luft unseren Geist und so würde es mich nicht wundern, wenn Jane

Austen viele ihrer Romanideen und -formulierungen während solcher Spaziergänge entwickelt hat: beim träumerischen Flanieren durch Wälder, beim Beobachten anderer Menschen im Park, bei Gesprächen mit Bekannten, die sie unterwegs traf, oder bei tiefen Unterhaltungen mit ihrer Schwester Cassandra, die sie oft begleitete.

Mach es Jane doch nach: Nimm dir bei deinem nächsten Spaziergang Notizbuch und Stift mit und schreibe auf, was du siehst. Vielleicht klingen deine Notizen ja dann ganz ähnlich wie Psalm 104 …

Psalm 104

Ich rate dir,
spazieren zu gehen,
die Luft wird
dir guttun.

Jane Austen,
„Mansfield Park“

2

Besuche

„... mein Lieber, du musst unbedingt Mr Bingley besuchen, wenn er eingezogen ist."
„Das ist mehr, als ich versprechen kann."
„Aber denk doch an deine Töchter. Was für eine Partie wäre das für eine von ihnen. ... Du musst einfach hingehen. Wie können wir ihn denn besuchen, wenn du nicht gehst?"
„Du hast zu viele Bedenken. Ich bin überzeugt, Mr Bingley freut sich über euren Besuch. Ich gebe dir ein paar Zeilen mit meiner herzlichen Zustimmung mit, diejenige meiner Töchter zu heiraten, die ihm am besten gefällt."[13]

Mr und Mrs Bennet in „Stolz und Vorurteil"

Ein Gerücht ist zu Mrs Bennet vorgedrungen: In Netherfield Park, einem Anwesen in der näheren Umgebung von Longbourn, soll sich ein gut aussehender, vermögender junger Mann eingemietet haben. Mrs Bennet wittert ihre Chance und bittet ihren Ehemann, dem neuen „Nachbarn", Mr Bingley, einen Besuch abzustatten. Mit fünf unverheirateten Töchtern muss man schließlich auf Zack sein.

Doch um seine Frau ein wenig zu reizen, sträubt sich der „liebe" Mr Bennet vorgeblich, den Weg nach Netherfield anzutreten. Sie könne den neuen Mieter doch selbst besuchen: „Ich gebe dir ein paar Zeilen mit meiner herzlichen Zustimmung mit, diejenige meiner Töchter zu heiraten, die ihm am besten gefällt"[14], provoziert er seine Frau.

Das ginge ja gar nicht, hält Mrs Bennet ihm daraufhin vor. Die Etikette erlaube es nicht! Und so sieht sie ihre Hoffnung schwinden, eine ihrer Töchter mit Mr Bingley unter die Haube zu bringen.

Doch wie sich kurz darauf zu ihrer unendlichen Erleichterung herausstellt, hat ihr Ehemann sie hinters Licht geführt: Tatsächlich war er einer der Ersten, der Mr Bingley seine Aufwartung gemacht hat. Somit muss Familie Bennet nur noch abwarten und Tee trinken, bis der unwissende Heiratskandidat sich bei ihnen zu einem Gegenbesuch einfindet.

Die Warterei und die unsäglichen Anstandsregeln raubten Mrs Bennet sicherlich den einen oder anderen Nerv. Dass sie nicht selbst das Zepter in die Hand nehmen durfte und Mr Bingley persönlich aufsuchen konnte! Aber so war es nun einmal Sitte, dass Frauen einen ihr unbekannten Mann nicht einfach so ansprechen, geschweige denn treffen durften. Erst wenn sie durch den Hausherrn miteinander bekannt gemacht worden waren, war es ihnen erlaubt, sich zu unterhalten, miteinander zu tanzen, sich zu besuchen …

Auf einen Besuch folgte gewöhnlich ein Gegenbesuch, weshalb der Strom an Besuchern nie abriss. In einem Brief an ihre Schwester erzählt Jane Austen einmal von ganz unverhofften Gästen: „Nachdem ich dies geschrieben hatte, erhielten wir einen Besuch von Mr Tom Lefroy und seinem Vetter George."[15]

Da es damals noch keine Telefone oder Handys gab, mit denen Besucher ihr Kommen ankündigen konnten, musste man häufig mit Überraschungsgästen rechnen. Außerdem gab es eine offizielle Besuchszeit am Vormittag, während der man unangemeldet vorbeischneien konnte und im Morgenzimmer mit einer dampfenden Tasse Earl Grey empfangen wurde.

Und dann ging es los mit dem Austausch von Neuigkeiten – übrigens Mrs Bennets Lebenselixier! Jane Austen fand das wohl manchmal ermüdend und langweilig. Der Besuch von Tom Lefroy war ihr dagegen mit Sicherheit höchst willkommen. Er wird in den Biografien, die sich auf ihre Briefe stützen, als ihre erste große Liebe genannt.

Nicht nur zu Lebzeiten von Jane Austen hatten Besuche einen hohen Stellenwert. Auch die Bibel erzählt sowohl im Alten als auch im Neuen Testament davon, dass Gäste gerne beherbergt und königlich behandelt wurden – ihnen wurden sogar die staubigen Füße gewaschen. Von der bekanntesten Fußwaschung wird in Johannes 13,1-14 erzählt: Jesus selbst, der Sohn Gottes, kniete nieder, um seinen Jüngern voller Demut und Liebe diesen Dienst zu erweisen. Puh, entblößte Füße säubern – ein No-Go zu Jane Austens Zeit!

Jesus wurde übrigens oft von anderen eingeladen, aber genauso häufig kam er auch als Überraschungsgast. Und er war dabei ziemlich anspruchslos. Schon als Baby musste er sich mit einer einfachen Krippe in einem Stall begnügen, weil in Bethlehem keine Zimmer mehr frei waren, und als Ziehsohn eines Schreiners war er an ein einfaches, bodenständiges Leben gewöhnt. Ihm waren Anstandsregeln und der Gesellschaftsstatus anderer Menschen vollkommen egal!

So lud er sich beim Zöllner Zachäus, der schon sehr viele Menschen übers Ohr gehauen und sich unbeliebt gemacht hatte, einfach selbst ein. „Ich muss heute in deinem Haus zu Gast sein", teilt er ihm mit (Lukas 19,5). Einfach so! Zachäus fackelte nicht lange und nahm Jesus voller Freude bei sich auf. Sein Besuch hinterließ einen bleibenden Eindruck und bewirkte, dass Zachäus alles, was er seinen Mitmenschen zu viel abgeknöpft hatte, um das Vierfache zurückgeben und den Armen die Hälfte abgeben wollte. Was während Jesu Besuch bei Zachäus gegessen wurde und wie die Tischdeko aussah, wurde nicht überliefert.

Vermutlich hatte Martha sich darüber schon einige Gedanken gemacht, als sie Jesus zu sich einlud (Lukas 10, ab Vers 38). Alles war so weit vorbereitet. Dass Jesus sich ihrem Zuhause näherte, hatte sich früh zu ihr herumgesprochen. Und tatsächlich: Bald schon kehrte der faszinierende Rabbi mitsamt seinen Jüngern bei ihr ein, legte sich zu Tisch (das war damals so üblich) und fing an zu erzählen.

Und wer setzte sich vor ihm auf den Boden? Marthas Schwester Maria! In Martha brodelte es. Sie war mit dem Zubereiten der Speisen vollkommen auf sich allein gestellt. Wir können davon ausgehen, dass sie für mindestens fünfzehn Personen kochte. Das ist keine Kleinigkeit und mit sehr viel Gemüseschneiden, Anbraten, Umrühren und Sich-um-das-Herdfeuer-Kümmern verbunden.

Und wer bewirtet eigentlich die Gäste in der Zwischenzeit? Die müssen doch auch etwas trinken! Auf Maria ist aber auch kein Verlass! So bat Martha Jesus aufgebracht, er solle ihre Schwester zum Helfen auffordern. Jesus antwortete jedoch anders, als sie es sich erhofft hatte: „Martha, du bist wegen so vielem in Sorge und Unruhe, aber notwendig ist nur eines. Maria hat das Bessere gewählt, und das soll ihr nicht genommen werden" (Lukas 10,41-42).

Was Jesus damit meint, ist: Maria genießt es, Gäste zu haben, und lauscht den Gesprächen. Sie tut das nicht, um Klatsch und Tratsch aufzuschnappen wie Mrs Bennet. Sie saugt auf, was Jesus von Gott erzählt. Und sie verfällt nicht in Stress und Hektik wie Martha, die von ihrem Besuch und Jesu Worten gar nichts mitbekommt, weil sie die ganze Zeit am „Herd" steht und als Gastgeberin alles perfekt machen will.

Wenn mich Jesus oder Jane Austen besuchen würden, wäre ich wahrscheinlich genauso drauf wie Martha. Kündigt sich Besuch an, mache ich mir im Vorfeld immer viele Gedanken darüber, was ich kochen will, versuche, alles ordentlich und geputzt zu haben, den Tisch mit Blumen, schönen Servietten und Tischdecke einzudecken. Und wenn die Gäste da sind, bin ich oft mehr damit beschäftigt, darauf zu achten, dass alle gut versorgt sind und das Essen gut schmeckt, als das Beisammensein unverkrampft auszukosten.

Geht es dir vielleicht genauso? Der Gedanke dahinter ist ja auch kein schlechter: Wir wollen es den anderen so schön wie möglich machen. Trotzdem lenken uns die Vorbereitungen und die Sorge um das perfekte Ambiente oft davon ab, uns auf unsere Gäste zu freuen und die Gespräche zu genießen. So sind wir schon erschöpft, bevor der Besuch bei uns eintrifft.

Auch wenn Jane Austen eine Genießerin war, was das Essen betraf, war sie gleichzeitig ein ziemlich entspannter Gast, der keine sonderlich hohen Ansprüche hatte (ein „eigenes Zimmer, herrlicher Morgen, schönes Kaminfeuer"[16] genügten ihr schon). Genauso ist es bei Jesus, wenn er an deine Tür klopft: Sein Augenmerk liegt auf *dir,* nicht auf deinem perfekt (oder nicht so perfekt) aufgeräumten Zuhause. Ihm liegt der Mensch am Herzen, den er besucht – genauso wie der ehrenwerte Mr Knightley, der sehr oft eine bestimmte Person besuchte, die ihm am Herzen lag: „... meine

Besuche in Hartfield galten nur Ihnen ..."[17] Na, zu wem hat er das gesagt?

Vielleicht hast du jetzt Lust bekommen, dir in dieser Woche einen Gast (oder mehrere Gäste) einzuladen? Dann notiere dir bitte auch Folgendes auf deiner To-do-Liste:

* Ich freue mich auf den Besuch.
* Ich mache mir keinen Stress.
* Es muss nicht perfekt sein.

Lukas 10,38-42; Hebräer 13,2

Es ist eine allgemein anerkannte Tatsache, dass ein alleinstehender Mann im Besitz eines hübschen Vermögens angeblich nichts dringender braucht *als eine Frau.*

Jane Austen, „Stolz und Vorurteil“

3

Vergebung

Der Ball in Kampshott ist heute Abend, und ich habe ihm [ihrem Bruder Charles] eine Einladung besorgt, obwohl ich nicht so rücksichtsvoll war, ihm auch eine Partnerin zu besorgen. Aber anders als Eliza Bailey ist er nicht im Begriff zu sterben und deshalb vermutlich fähig, sich selbst eine Partnerin zu besorgen. Ich glaube, ich habe Dir gesagt, dass der Ball am Montagabend stattfinden sollte, dafür und für all die anderen falschen Nachrichten, die ich Dir zugemutet habe, bitte ich Dich nun untertänig um Vergebung.[18]

Jane Austen in einem Brief an Cassandra vom 8./9. Januar 1799

Ich stelle mir bildlich vor, wie Jane im Pfarrhaus in Steventon, ihrem ersten Zuhause, an einem alten, mit Kerben übersäten Tisch sitzt und beim Verfassen dieses Briefes an ihre Schwester vor sich hin grinst. Nicht nur die Vorfreude auf den bevorstehenden Ball kommt darin deutlich zum

Ausdruck, sondern auch das Augenzwinkern in ihrer Bitte um Vergebung. Bei den „falschen Nachrichten“ (welche es außerdem waren, geht aus dem Brief nicht hervor) muss es sich wohl um Lappalien gehandelt haben; ein Versehen, das Cassandra, die zu diesem Zeitpunkt bei ihrem Bruder in Godmersham Park zu Besuch ist, ihrer geliebten Schwester mit Sicherheit sofort vergeben hat – vielleicht ebenfalls mit einem Lächeln auf den Lippen.

In den Beziehungen zwischen Jane Austens Romanfiguren ging es nicht immer so reibungslos zu wie zwischen Jane und Cassandra. Und du wirst überrascht sein, welchen von ihnen es schwerfiel zu vergeben!

Einer von ihnen ist Mr Knightley! Du hast richtig gelesen: Ausgerechnet der tugendhafte, weise Mr Knightley, der Emma im gleichnamigen Roman immer wieder auf die richtige „Spur“ bringen muss, kann nur schwerlich über seinen Schatten springen. Er regt sich tüchtig über jemanden auf, der ganz Highbury zum Narren gehalten hat: Frank Churchill. „Er braucht nur etwas zu sagen, und schon geben seine Freunde sich alle Mühe, ihm zu seinem Glück zu verhelfen. Er hat alle missbraucht – und sie warten nur darauf, ihm zu vergeben. Er ist wirklich ein Glückskind“[19], macht Mr Knightley Emma gegenüber seinem Frust Luft. Denn auch sie hat Frank Churchill längst vergeben, dass er ihr seine Liebe vorgegaukelt hat. Knightleys Äußerung hingegen können wir entnehmen, dass er mit Frank Churchills Verhalten so seine Probleme hat. Zwar hat Frank Churchill ihm persönlich nichts angetan, aber er hat Anlass dazu gegeben, dass Knightley sich in den vergangenen Wochen sehr um Emma gesorgt hat. Die Avancen, die Frank ihr gemacht hat, schienen auf Gegenliebe zu stoßen und so war ein gebrochenes Herz bei Knightleys Freundin aus Kindheitstagen beinahe vorprogrammiert.

Ein anderer, der erst mal nicht verzeihen kann, ist Mr Darcy in „Stolz und Vorurteil“: Er trägt seiner Tante, Lady Catherine de Bourgh, ihr Verhalten nach. Bei einem Spontanbesuch bei den Bennets hatte sie nämlich versucht, Elizabeth eine Verbindung mit Mr Darcy auszureden, weil er (angeblich) einer anderen jungen Dame versprochen sei – ihrer Tochter. Dass ihr Neffe Elizabeth trotz ihrer Missbilligung heiratet, erbost sie sehr und so lässt sie „ihren Gefühlen auf die ihr eigene Art freien Lauf“[20]. Beim Gedanken daran, wie sie herumzetert, muss ich ein bisschen schmunzeln, obwohl es für Mr Darcy und Elizabeth sicher nicht sehr angenehm war. Dann bricht die Lady schließlich den Kontakt ab, was einer weiteren Beleidigung gleichkommt. Erst nach „geraumer Zeit“[21] kann Elizabeth Mr Darcy endlich davon überzeugen, sich mit seiner Tante wieder zu versöhnen.

Unversöhnlichkeit und mangelnde Vergebungsbereitschaft sind Dinge, die Gott nicht gefallen. Er möchte nicht, dass wir nachtragend sind – weil er es selbst auch nicht ist. Er vergab uns unsere Schuld bereits vor über zweitausend Jahren, als Jesus aus Liebe zu uns Menschen stellvertretend für alle, die an ihn glauben, am Kreuz starb. Und genauso wünscht er sich eben auch, dass wir anderen vergeben – zu unserem eigenen Besten. So beten wir es im Vaterunser, das Jane Austen ihren überlieferten Gebeten angefügt hat: „Und vergib uns unsere Schuld, wie auch wir vergeben unsern Schuldigern“ (Matthäus 6,12 LUT).

Beim Beten dieses Abschnitts ist mir immer etwas mulmig zumute. Kennst du das auch? Vergebung kann nämlich eine ziemliche Mammutaufgabe werden. Denken wir an Mr Willoughby oder Mr Wickham, zwei junge Männer, die mit ihrem Verhalten die Gefühle von Marianne Dashwood, Elizabeth Bennet und Georgiana Darcy (und noch einigen anderen) verletzt und für viel Ungemach gesorgt haben. Wenn jemand einem die große Liebe vorgaukelt und sich dann aus dem Staub macht, ist das schon ziemlich heftig, oder?

Es gibt aber noch wesentlich Herausforderndes: Überleg mal, du müsstest einer Mörderin ihre Tat vergeben. Oder jemandem, der Missbrauch begangen hat. Kann man eine solche Tat überhaupt verzeihen? Ich stelle mir das unendlich schwer vor, fast unmöglich! Aber es gibt Berichte von Christen, die das mithilfe ihres Glaubens geschafft haben. Vor solchen Menschen habe ich den höchsten Respekt!

Petrus fand das wahrscheinlich genauso schwierig wie Mr Knightley und Mr Darcy, denn er stellte Jesus die Frage: „‚Herr, wie oft muss ich meinem Bruder vergeben, wenn er immer wieder gegen mich sündigt? Siebenmal?' – ‚Nein', gab Jesus ihm zur Antwort, ‚nicht siebenmal, sondern siebenundsiebzigmal!'" (Matthäus 18,21+22). Ich sehe förmlich die Schweißperlen auf die Stirn unserer drei „Unversöhnlichen" treten. Denn: Mit „siebenundsiebzigmal" meint Jesus natürlich, dass wir unseren Mitmenschen immer und immer wieder vergeben sollen – unbegrenzt oft.

Aber selbst wenn ich Jesus beim Wort nehme und einer Person „nur" 77-mal vergebe, ist das schon eine unglaubliche Zahl! Sie zeigt mir, wie oft ich mir ins Gedächtnis rufen muss: Ich habe vergeben! Unter Umständen begleitet mich das bis an mein Lebensende. Denn vergeben heißt ja nicht automatisch vergessen. Oft holt einen die Erinnerung immer wieder ein, vor allem dann, wenn man der Person, der man *eigentlich* vergeben hat, wieder begegnet. Die Gefühle kochen erneut hoch.

Aber was ist, wenn wir nicht vergeben und unversöhnlich sind? Sogar Elizabeth Bennet erkennt, dass das „wirklich ein Mangel" ist. „Unversöhnliches Nachtragen ist ein Schatten auf einem Charakter"[22], sagt sie in „Stolz und Vorurteil". Ich denke, es ist sogar noch mehr als das: Es bedeutet Trennung von Gott; unsere Beziehung zu ihm ist gestört und die Beziehung zu demjenigen, dem wir nicht vergeben können, sowieso. Das lässt eine „bittere Wurzel“ in uns wachsen, die nicht nur uns, sondern auch unser Umfeld zerstören kann (Hebräer 12,15) und alle Lebensfreude erstickt.

Inzwischen weiß man sogar, dass Gefühle wie Wut, Hass, Frust und Rachegedanken negative Auswirkungen auf unseren Körper haben können. Nicht selten sind Herzinfarkte, Schlaganfälle, Diabetes und Magen- und Schlafprobleme die Folge.[23]

Also: Gib dir einen Ruck und vergib dem anderen! Fang an, in deinem Herzen Vergebung auszusprechen, auch wenn du dich vielleicht nicht danach fühlst. Indem du das tust, befreist du dich aus der Opferrolle. Und du wirst sehen, dass die Gefühle deiner Entscheidung Schritt für Schritt folgen werden. Gott hilft dir dabei. Im Gebet kannst du dich immer an ihn wenden, sodass du hoffentlich wie Emma Woodhouse und Harriet Smith eines Tages sagen kannst: „Es war vergeben und vergessen.“[24] (Da ist Emma mal ein Vorbild für Mr Knightley!)

Gibt es jemanden, der dir Unrecht getan hat? Bitte Gott, dass du dieser Person vergeben kannst und dass er dir beim Vergeben hilft.

Oder hast du jemandem Unrecht getan? Auch hier kannst du dich im Gebet an Gott wenden, dass er das Herz des anderen berührt und dir den Mut schenkt, auf die Person zuzugehen.

Matthäus 18,22-35; 1. Johannes 1,9

4

Luxus

Das Dinner [bei Lady Catherine] war ausgezeichnet, ... und jeder Gang wurde mit Ausrufen der Bewunderung erst von [Mr Collins] und dann von Sir William begleitet ... Nur die Unterhaltung kam beim Essen zu kurz.[25] ...
Als die Damen wieder in den Salon hinübergingen, blieb nur die Möglichkeit, Lady Catherine zuzuhören, die ohne Unterbrechung ... und mit solcher Entschiedenheit über jedes Thema sprach, dass deutlich daraus hervorging, wie wenig sie an Widerspruch gewöhnt war.[26] ... Als die Herren sich wieder zu ihnen gesellt und sie gemeinsam den Tee getrunken hatten, wurden die Kartentische aufgestellt.[27]

Mr Collins in „Stolz und Vorurteil"

Es gibt kaum ein Abendessen, das von Jane Austen ausführlicher beschrieben wurde als dieses: das Dinner bei Lady Catherine de Bourgh auf Rosings Park. Mr Collins ist überaus begeistert: „Wer hätte erwartet, dass wir eine Einladung zum Dinner – noch dazu eine Einladung für uns alle … erhalten würden!“[28] Seine Erwartungen waren lediglich, „am Sonntag den Tee bei ihr zu nehmen und den Abend zu verbringen“[29]. Nun kann er den Gästen Elizabeth Bennet, Sir William Lucas (seinem Schwiegervater) und Maria Lucas (seiner Schwägerin), mit denen er gegen 17 Uhr eintrudelt, das prunkvolle Herrenhaus und den bewundernswerten Park seiner Gönnerin vorführen.

Im Speisesaal angekommen, werden sie von einer mit feinstem Porzellan gedeckten Tafel begrüßt. Besteck und Weingläser funkeln im Schein der Kerzen und ziehen die Augen aller auf sich. Der erste Gang ist bereits aufgetragen, als die Gäste Platz nehmen. Der Tisch biegt sich förmlich unter den zahlreichen Schüsseln und Platten mit Suppe, Lachs, Braten, Ragout, Pastete, Gemüse, sauer Eingelegtem, süßem Pudding, Käse und vielem mehr. Und das ist lediglich der erste Gang!

Danach folgt der zweite Gang mit nicht weniger Auswahl, allerdings gibt es nun vermehrt süße Speisen wie Kuchen. Mr Collins, selten um Worte verlegen, kann auch jetzt nicht an sich halten und lobt die schmackhaften Speisen in den höchsten Tönen. Die anderen Anwesenden kommen nicht zu Wort oder sind in Ehrfurcht verstummt.

Nach dem Dessert – Nüsse, Obst, Süßigkeiten und Eiscreme – begeben sich die Damen, den Gepflogenheiten der damaligen Zeit entsprechend, in den Salon, wo sie einen lieblichen Wein genießen, während die Herren am Tisch bleiben und Portwein oder Madeira trinken.[30] Eine perfekte Gelegenheit für die Damen, sich ungestört zu unterhalten.

Ungefähr eine Stunde später gesellen sich die Herren zu den Damen und es wird gemeinsam Tee oder Kaffee getrunken. Jetzt darf auch getanzt, Klavier gespielt, gesungen und

Karten gespielt werden – oder wonach den Gästen eben der Sinn steht.

War Jane Austen bei ihrem Bruder Edward in Godmersham Park zu Besuch, erlebte sie ähnliche Dinner wie das, welches sie in „Stolz und Vorurteil“ beschreibt. In einem Brief vom 1. Juli 1808 erzählt sie ihrer Schwester Cassandra: „Der Orangenwein wird hier bald unsere Aufmerksamkeit erfordern. Aber bis dahin Eleganz, Behaglichkeit und Luxus. ... Ich werde Eis essen und französischen Wein trinken und über vulgäre Sparsamkeit erhaben sein.“[31]

In einem anderen Brief einige Jahre zuvor konnte Cassandra lesen, dass Jane zu Hause in Steventon der „experimentellen Hauswirtschaft zugetan“ war: „So gibt es hin und wieder eine Ochsenbacke, zum Beispiel nächste Woche. Ich beabsichtige, sie mit Klößchen füllen zu lassen, sodass ich mich in Godmersham wähnen kann.“[32]

Orangenwein, französischer Wein, Ochsenbäckchen mit Klößchen, Eis, kalte Ente und eingelegter Ingwer, Apfel-Lakritzen-Mus[33] und Apfeltorten[34] – das klingt, als hätte Jane Austen exquisites Essen geliebt und ihm einige Bedeutung beigemessen. Dass sie ihrer Schwester überhaupt in Briefen davon berichtete, lag daran, dass Jane meist bei Freunden und Verwandten war, als sie diese besonderen Speisen genoss.

Das ist auch der Grund, warum sie köstliche Dinner so ausführlich beschrieb: weil sie für Jane Austen alles andere als alltäglich waren, sondern aus dem Rahmen fielen. Doch wenn sie die Gelegenheit bekam, ein opulentes, schmackhaftes Mahl zu speisen, genoss sie es in vollen Zügen – genau wie Mr Collins. Und insgeheim war sie sicher froh, sich über die Kosten eines solchen Dinners keine Gedanken machen zu müssen.

Aber nicht nur köstliche Abendessen liebte Jane sehr. Sie

war außerdem eine passionierte Teetrinkerin (wie wahrscheinlich viele Briten damals und heute), was in einigen ihrer Briefe deutlich wird. Im September 1813, als sie wieder einmal in Godmersham zu Gast war, bat sie ihre Schwester eindringlich: „Lass mich wissen, wann ihr den neuen Tee ... anbrecht. Mein augenblickliches Luxusleben macht mich solchen Dingen gegenüber noch keineswegs gleichgültig."[35]

Tee war im 18. Jahrhundert ein Luxusgut, das sich nur Wohlhabende leisten konnten und das sogar als Schmuggelware gehandelt wurde.[36] Nicht selten kam es vor, dass Tee „gefälscht" wurde, weshalb Jane Austen ihren Tee hauptsächlich bei „Twinings" in London bestellte. Dort bekam sie unverfälschten, naturbelassenen Tee.[37]

Mit solchen Problemen müssen wir uns dieser Tage nicht mehr auseinandersetzen. Unsere Tees sind selten teuer und gefälscht sind sie erst recht nicht. Aber etwas anderes beschäftigt mich manchmal: das leise Stimmchen, wenn ich mich auf einem Fest durchs Buffet schlemme. (Und dabei geht es mir nicht um das schlechte Gewissen bezüglich des Hüftgolds.) Hörst du es auch in solchen Momenten? Ist es okay, Luxus und leckeres Essen auszukosten? Wird nicht in der Bibel davor gewarnt? Im Jakobusbrief, Kapitel 5,1-5, werden wir tatsächlich aufgefordert, unsere Herzen nicht an Luxus und Reichtum zu hängen, denn in die Ewigkeit werden wir nichts davon mitnehmen können. Wer Reichtum besitzt, soll ihn nicht sinnlos verprassen oder für sich allein behalten, sondern ihn teilen und dafür sorgen, dass seine Angestellten gerecht bezahlt werden.

Trotzdem dürfen wir Wohlstand und Annehmlichkeiten genießen. Das tat auch Salomo, ein überaus reicher, an Luxus gewöhnter König Israels. Er war aber nicht nur reich, sondern auch von Gott mit Weisheit beschenkt. „Es gibt für den Menschen nichts Besseres als essen und trinken und genießen, was er sich erarbeitet hat", schreibt Salomo in Prediger 2,24 (GNB). Wichtig war ihm, darauf hinzuweisen, dass „dieses Glück nicht vom Menschen selbst abhängt: Es ist ein Geschenk Gottes. Denn wer hat zu essen oder hat Grund zur Freude ohne ihn?" (Verse 24+25, nach GNB).

Wenn wir in dem Bewusstsein leben, dass all das, was wir gerade genießen, von Gott kommt, und ihm dankbar dafür sind, ist ein bisschen Luxus absolut in Ordnung. Viele Christen – auch meine Familie und ich – beten vor (und manche noch nach) dem Essen und danken Gott dafür. Allzu oft merke ich, dass mein Herz dabei nicht wirklich voller Dankbarkeit ist. Das Tischgebet verkommt viel zu häufig zur Routine, außerdem wird meine Aufmerksamkeit vom Teller vor mir und den Faxen meiner jüngsten Tochter neben mir abgelenkt. Ich möchte mich gern viel bewusster bei Gott für den Luxus auf meinem Teller bedanken. Ja, selbst ein einfaches Essen wie Kartoffeln mit Spinat ist in den Augen vieler Menschen auf dieser Welt ein Luxusgericht (was mir meine Kinder leider nicht glauben wollen).

Auch Tee ist heutzutage für uns kein Luxusgut mehr. Trotzdem empfinde ich die überbordenden Teeregale in den Supermärkten als großen Reichtum. Entspannungstee, Heiße-Liebe-Tee, Apfel-Zimt-Tee, Weihnachtstee, gesundheitsfördernder Kräutertee ... Jedes Mal, wenn ich vor der bunten Menge aufeinandergestapelter kleiner Tee-Päckchen stehe, frage ich mich, was Jane Austen wohl angesichts der riesigen Auswahl sagen würde. Wie würde sie reagieren, wenn sie wüsste, dass es sogar Jane-Austen-Tees gibt? Ob sie ihre Teevorliebe um weitere Teesorten erweitern würde?

Ich selbst trinke dank meiner Freundin Bine sehr gerne English Breakfast Tea mit Milch, vor allem während meiner Stillen Zeit, wenn ich in der Bibel lese und bete. Teatime mit

Gott sozusagen. Vielleicht möchtest du deine Stille Zeit diese Woche auf dieselbe Weise genießen? Oder mach es doch wie Mrs Goddard in „Emma“, die sich hin und wieder „den Luxus eines gelegentlichen Teebesuchs“[38] gönnt: Sie meldet sich selbst bei Emma zu einer Teatime an. Du kannst natürlich auch eine Freundin zu dir einladen, gemeinsam mit ihr zu Abend essen und anschließend eine Tasse Tee mit ihr genießen – wie zu Jane Austens Zeiten.

Die „Zeremonie des Tee-Einschenkens“[39] hat schon etwas Besonderes an sich, findest du nicht? Beim gemeinsamen Essen und Teetrinken lässt es sich hervorragend plaudern – es sei denn, Mr Collins sitzt mit am Tisch …

Jakobus 5,1-5; 1. Korinther 10,31

Gönnen wir uns
den Luxus der Stille.

Jane Austen, „Mansfield Park“

5

Dankbarkeit

„Also, Fanny, und wie gefällt dir Miss Crawford jetzt?", fragte Edmund am nächsten Tag. …
„Gut, sehr gut. Ich höre sie gern reden. Ich finde sie unterhaltsam …"
„… Aber ist dir an ihrer Unterhaltung nichts aufgefallen, was du unangebracht fandest?"
„O doch, sie hätte von ihrem Onkel nicht so sprechen sollen. Ich war ganz erstaunt. Ein Onkel, bei dem sie so viele Jahre gelebt hat …! Ich hätte es nicht für möglich gehalten."
„Ich dachte mir, dass es dir auffällt. Es war ganz falsch, ganz ungehörig."
„Und ich finde, ganz undankbar."[40]

Edmund Bertram in einem Gespräch mit Fanny Price in „Mansfield Park"

Ein üppig gedeckter Frühstückstisch erwartet die Bewohner von Mansfield Park, der unter anderem mit den Resten des Dinners vom Vorabend bestückt ist[41]: Wildbret, kalte Schweinefleischknochen mit Senf, vielleicht auch etwas von der Erbsensuppe. Hart gekochte Eier gehören ebenso zu diesem Frühstück wie frisch zubereitete, süße Hefeküchlein, Blutorangen-Marmelade und vieles mehr.

Bislang haben sich nur Edmund und Fanny eingefunden; der Rest der Familie scheint es sich nach dem üppigen Essen und der Gesellschaft des vorigen Abends noch etwas länger im Bett gemütlich zu machen. Während Anne Marmelade auf das gebutterte Hefeküchlein streicht und Edmund sich ein Stück vom Wildbret abschneidet, hängen beide gedanklich den Gesprächen nach, die am Vortag bei Tisch geführt wurden.

Miss Crawford, eine gerade neu hinzugezogene, hübsche Nachbarin, hatte am unteren Ende der Tafel gesessen, und als Fanny erwähnt hatte, dass ihr Bruder bei der Marine sei, hatte sie von Miss Crawford eine ziemlich hochmütige Entgegnung erhalten. Diese zeigte, dass sie von Admiralen wie ihrem Onkel nichts hielt. Für sie handelte es sich lediglich um eifersüchtige, streitlustige Männer, die sich ständig ungerecht behandelt fühlten.

Edmund ist von ihrer Einstellung ziemlich betroffen, denn Miss Crawfords Onkel hat sie großgezogen – wenngleich er sich nicht immer vorbildlich verhalten hat. Als Edmund Fanny nun beim Frühstück fragt, wie sie die Sache sieht, ist sie ganz seiner Meinung: Mary Crawford hätte nicht so über ihren Onkel und dessen Beruf reden sollen. Außerdem fällt Fanny auf, dass Miss Crawford mit ihren Äußerungen auch sehr viel Undankbarkeit zum Ausdruck gebracht hat.

Reagieren Fanny und Edmund nicht ein bisschen übertrieben?, überlegte ich, als ich diese Stelle zum ersten Mal las. Ich musste mir das Gespräch, das am Abend bei Tisch geführt worden war, sogar noch einmal ganz genau durchlesen. Denn eigentlich kann ich Mary Crawfords Einstellung ihrem Onkel gegenüber nachvollziehen. Schließlich heißt es, dass die junge Frau seinen Haushalt verlassen musste, als er seine Geliebte einlud, bei ihm zu wohnen.

Aber in einem muss ich Fanny und Edmund recht geben: Miss Crawford erzählt nur von den schlechten Erinnerungen, die sie an ihren Onkel hat. Darüber vergisst sie, was er in den vergangenen Jahren für sie getan hat: dass er sie nämlich nach dem Tod ihrer Eltern bei sich aufgenommen und versorgt hat.

Dass Fanny das auffällt, verwundert mich nicht. Sie befindet sich in einer halbwegs ähnlichen Situation wie Mary Crawford damals bei ihrem Onkel: Sie lebt (aus finanziellen Gründen) bei Verwandten. Im Gegensatz zu Mary ist Fanny jedoch dankbar dafür, dass sie das Vorrecht hat, bei den Bertrams auf Mansfield Park untergekommen zu sein. Es hätte sie auch schlimmer treffen können, wenn sie zu ihrer Tante, Mrs Norris, hätte ziehen müssen oder wieder zu ihrer verarmten, kinderreichen Familie zurückgeschickt worden wäre. Ihre Dankbarkeit für die Aufnahme bei den Bertrams spürt man Fanny im Roman immer wieder ab.

„Vergiss nicht, dich zu bedanken", hat mir meine Oma immer gesagt, wenn ich als Kind etwas geschenkt bekam. Auch als meine Geschwister und ich schon erwachsen waren, war es ihr sehr wichtig, dass wir unsere Dankbarkeit zum Ausdruck brachten. Nun versuche ich das meinen Töchtern mit auf den Weg zu geben, denn inzwischen weiß ich: Wenn man etwas verschenkt und es kommt kein „Danke" zurück, fühlt sich das blöd an. Nicht, weil es sich für einen Beschenkten gehört, sich zu bedanken, sondern weil ich auch wissen möchte, ob das Geschenk gefällt.

So muss es Jesus gegangen sein, als er auf zehn Menschen mit einer ansteckenden Hautkrankheit (Aussatz) traf (Lukas 17,11-19). Sie baten ihn um Heilung, woraufhin er sie zu den Priestern schickte, um sich ihnen zu zeigen. Diese

Aufforderung klingt erst mal unlogisch, doch die Kranken taten, was Jesus ihnen gesagt hatte: Sie gingen zu den Priestern im Tempel, die damals darüber entschieden, ob jemand wieder gesund und rein war oder nicht. War jemand rein, durfte er nach einem vorgegebenen Zeremoniell wieder am normalen Leben teilnehmen und wurde nicht mehr wegen der Ansteckung abgesondert.

Während die Aussätzigen also unterwegs zu den Priestern waren, wurden sie mit einem Mal gesund. Was für eine tolle Entdeckung das für die zehn gewesen sein muss! Sie waren bestimmt total aus dem Häuschen. Einer von ihnen kehrte voller Dankbarkeit zurück zu Jesus, warf sich ihm zu Füßen, pries Gott und dankte ihm. Jesus war einerseits erfreut, andererseits aber auch sichtlich irritiert: „Wo sind die anderen neun? Ist es keinem außer diesem Fremden in den Sinn gekommen, zurückzukehren und Gott die Ehre zu geben?" (Vers 17+18).

Wow! Nur einer von zehn bedankt sich – das nenne ich mal eine schlechte Quote. Die anderen eilten wahrscheinlich weiter zum Tempel mit dem Ziel, für rein erklärt zu werden. Danach gab es mit Sicherheit einige „Welcome back"-Partys für die Rückkehrer, und wer Jesus war und was er getan hatte, rückte schnell in den Hintergrund. Sehr schade, denn Jesus hätte sicher sehr gern an ihrer Freude teilgehabt.

Das ist auch der Grund, weshalb Paulus schreibt: „Was immer auch geschieht, seid dankbar, denn das ist Gottes Wille für euch, die ihr Christus Jesus gehört" (1. Thessalonicher 5,18 NLB).

Mit unserer Dankbarkeit teilen wir Gott unsere Freude mit. Und: Dankbar zu sein lässt das Leben in einem viel positiveren Licht erstrahlen und lenkt unseren Blick auf die schönen und guten Dinge und Erlebnisse.

Herausfordernd kann jedoch das „Was immer auch geschieht“ sein: dankbar zu sein, wenn es gerade mal nicht so rundläuft. Wenn ich krank bin, fällt es mir schwer, dankbar zu sein. Als ich meinen Arbeitsplatz verlor, fiel ich fast in eine Depression. Ich war nur noch unglücklich und unzufrieden.

Doch dann kam mir ein ähnlicher Gedanke, wie Jane Austen ihn in einem ihrer Gebete formulierte: „Gib uns einen dankbaren Sinn für die Segnungen, in denen wir leben, für die vielen Annehmlichkeiten unseres Lebens; damit wir sie nicht durch Unzufriedenheit oder Gleichgültigkeit verlieren.“[42]

Ich besorgte mir ein Notizbuch, in das ich eintrug, wofür ich Gott dankbar war. Jeden Tag füllte ich Seite um Seite und es war echt erstaunlich, was sich alles ereignete, wofür ich dankbar sein konnte – Dinge, die ich normalerweise einfach übersehen hätte und die im Alltag untergegangen wären. Dieses Notizbuch half mir, meine Freude auch über die kleinsten Dinge mit Gott zu teilen. Das führte dazu, dass ich selbst wieder aufgerichtet wurde und die negativen Gedanken abnahmen.

Dankbarkeit ist das, was uns Christen ausmachen und nach außen strahlen sollte.

Wofür bist du heute (diese Woche) dankbar? Schreib es auf! Du wirst staunen, wie viel Grund zum Danken du hast. Und was es in dir bewirkt.

Psalm 103

Ich kann
nur dankbar sein.
Jeder Vorwurf,
jeder Seufzer
des Bedauerns
sei mir fern.

Jane Austen,
„Lady Susan“

6

Gebetshaltung

Allmächtiger Vater, schenk uns Gnade, dass wir uns im Gebet mit unseren Herzen und Lippen so an dich wenden, dass wir es verdienen, von dir gehört zu werden.[43]

Gebet von Jane Austen

Da steckt ganz schön viel drin, ging es mir durch den Kopf, als ich dieses Gebet von Jane Austen (das in Wahrheit noch um einiges länger ist) zum ersten Mal und danach noch viele weitere Male las. Und ich fragte mich, was sie wohl genau mit ihrer Bitte hatte ausdrücken wollen.

Gleich mit ihren ersten einleitenden Worten, mit denen Jane Austen sich an Gott richtet, vergegenwärtigt sie sich zwei seiner Wesenszüge. Gott hat ja viele Seiten, aber genau diese beiden Merkmale beschreiben ihn sehr treffend. Er ist allmächtig, hat die Fähigkeit wirklich *alles* zu bewirken: Menschen von den Toten auferstehen zu lassen, das Wasser eines großen Sees (das Rote Meer) zu teilen, aussichtslose Kriege zu wenden, ein paar Brote und Fische zu vermehren, sodass sie für Tausende reichen, Wasser in Wein zu verwandeln und vieles mehr. Ihm sind keine Grenzen gesetzt.

Außerdem ist sich Jane der Tatsache bewusst, dass Gott gnädig ist. Er hat uns das größte Geschenk aller Zeiten gemacht, indem er seinen Sohn Jesus an unserer Stelle für alle unsere Sünden sterben ließ. Diese sind in unserer Beziehung zu ihm nun nicht mehr im Weg. Wenn wir an Gott glauben, steht uns nach unserem Tod die Tür zu seinem Himmelreich offen. (Was dich dort erwartet, kannst du in der Andacht „Happy End" nachlesen.)

Aber nun zum Kern des Gebets: Jane Austen bittet Gott, dass ihr Herz und ihre Lippen, also die Worte, die sie an ihn richtet, im Einklang sind; dass er ihr die richtige Herzenshaltung während des Betens schenken möge.

Es muss ihr ein tiefes Bedürfnis gewesen sein, dieses Gebet festzuhalten. Und wie gut, dass sie es aufgeschrieben hat, denn es hat sehr viel in mir ausgelöst und ich bin gespannt, ob es das auch bei dir tut. Mehrere Wochen habe ich mir Gedanken über dieses Gebet gemacht. Ich finde, dass es nicht nur viel über Jane und ihren Glauben aussagt, sondern auch über ihre Haltung, aus der heraus sie sich Gott zuwendet.

Mit „Haltung" meine ich dabei nicht die Körperhaltung. Ob wir im Liegen, im Stehen mit erhobenen Händen, im Sitzen, mit gefalteten Händen, kniend oder tanzend beten, ist für Gott nicht entscheidend (auch wenn es für uns selbst eine Hilfe sein kann, wenn unser Körper „mitbetet"). Ausschlaggebend ist die Herzenshaltung, die wir dabei haben.

Dass Jane Austen dieses Thema offenbar ganz schön beschäftigt hat, zeigt nicht nur das Gebet, das sie dazu formuliert hat. Auch in einem Roman hat sie es verarbeitet. So stellt Edmund Bertram in „Mansfield Park" fest, wie schnell Gebet zu einem „Brauch [verkommt], der mehr Schaden als Gutes anrichtet"[44].

Wenn wir ehrlich zu uns selbst sind, kommt uns das vielleicht bekannt vor. Wie oft beten wir aus reiner Gewohnheit, weil es ein Ritual ist, zur Liturgie gehört oder zur alltäglichen Routine? Oder noch schlimmer: Weil es so gut klingt?

Tatsächlich hat auch Mr Crawford, der Fanny in „Mansfield Park“ umschwärmt, ein Faible für „gut vorgetragene Gebete“[45]. Jesus hat dazu allerdings eine ziemlich eindeutige Meinung, wie wir in Lukas 18 ab Vers 11 lesen können.

Dort erzählt er in einem Gleichnis von einem Pharisäer, der zeitgleich mit einem Zöllner in den Tempel zum Beten kam. Beides waren damals keine besonders beliebten Personengruppen. Die Pharisäer waren stolz und benahmen sich, als hätten sie die Weisheit mit Löffeln gefressen; die Zöllner luchsten den Menschen zu viel Geld ab.

Das ist jedoch nicht das Entscheidende an der Geschichte. Der Pharisäer stellte sich im Tempel in die vorderste Reihe und betete: „Gott, ich danke dir, dass ich nicht so bin wie die anderen Menschen, alle diese Räuber, Betrüger und Ehebrecher, oder auch wie dieser Zolleinnehmer hier! Ich faste zwei Tage in der Woche und gebe dir den vorgeschriebenen Zehnten sogar noch von dem, was ich bei anderen einkaufe!“ (Vers 11+12 GNB).

Währenddessen „versteckte“ sich der Zöllner im hinteren Teil des Tempels. Er senkte seinen Blick, schlug sich gegen die Brust und betete: „Gott, hab Erbarmen mit mir, ich bin ein sündiger Mensch!“ (Vers 13 GNB).

Welches der beiden Gebete war wohl aus der richtigen Herzenshaltung heraus gesprochen? Jesus antwortete: „Ich sage euch, der Zolleinnehmer ging aus dem Tempel in sein Haus hinunter als einer, den Gott für gerecht erklärt hatte – ganz im Unterschied zu dem Pharisäer. Denn alle, die sich selbst groß machen, werden von Gott gedemütigt, und alle, die sich selbst gering achten, werden von ihm zu Ehren gebracht“ (Vers 14 GNB).

Der Zöllner wandte sich mit seinem ganzen, übervollen Herzen Gott zu und das, was ihn bewegte, sprach er aus: Er erkannte, dass er ein Sünder war. Gott war ihm gnädig, weil er die Aufrichtigkeit im Herzen des Zöllners sah. Der Pharisäer hingegen versuchte, Gott mit schönen Worten und seinen vorbildlichen Taten zu beeindrucken. Das zieht bei Gott allerdings nicht – er blickt ja tiefer. Natürlich freut er sich, wenn wir Gutes tun – aber nicht aus der Haltung des Pharisäers heraus. Die war grundlegend falsch. Er verglich sich mit anderen und zeigte falsche Dankbarkeit. Mit Mrs Bennets Worten aus „Stolz und Vorurteil": „Die reine Heuchelei."[46]

Gott erkennt, wenn wir unsere Worte nicht ernst meinen, er kennt unsere Herzen durch und durch. Das soll keine Angst schüren, sondern zeigen, dass es sinnlos ist, ihm etwas vorzumachen. „Dank und Lob [...] voll von geheuchelter Ehrlichkeit und Übertreibung"[47], erhält Emma im gleichnamigen Roman für ihr Klavierspiel und sie ist sich der Tatsache mehr als bewusst, dass in den Worten keine Echtheit steckt. Wie entwürdigend, findest du nicht auch? Jesu Gleichnis zeigt, dass es Gott genauso geht.

Wenn du betest, erwartet Gott keine wohlformulierten Worte. Manche Menschen denken trotzdem, sie könnten nicht beten; Gott würde ihre Gebete bestimmt nicht erhören, weil sie nicht gut klingen. Mir selbst ging es auch eine Zeit lang so und ich war voller Bewunderung, wenn ich Menschen bei laut gesprochenen Gebeten zuhörte. Meine eigenen Gebete strotzen nur so vor „Ähs", Denkpausen, Verhasplern und Wortwiederholungen. Das hat mich echt gewurmt. Und es hat mich davon abgelenkt, mich mit meinem Herzen Gott zuzuwenden. Ich achtete auf den Klang meiner Worte und Gedanken mehr als auf das, was ich Gott eigentlich sagen wollte.

„Mögen die Worte, die ich spreche, und die Gedanken, die mein Herz ersinnt, dir gefallen, Herr, mein Fels und mein Erlöser!“, sang der Psalmist und König David (Psalm 19,15). Ihm ging es – anders als mir damals – nicht darum, dass das Gebet wohlklingend ist, sondern ihm war, wie Jane Austen, die Herzenshaltung wichtig.

Das ist die einzige Voraussetzung, die Gott an unsere Gebete stellt und wie wir es uns „verdienen“ können, von ihm gehört zu werden. Gott möchte wissen, wie es dir wirklich geht, welche Sorgen dich umtreiben, was dich gerade jubeln lässt, welche Ereignisse dich zum Weinen bringen. Dein für deine eigenen Ohren nicht so wohlklingendes Gebet ist ihm höchst willkommen, ja, er liebt es, dir zuzuhören! „... mit lächelnder Aufmerksamkeit und zuvorkommendem Eifer“[48] hört er dir zu wie Miss Denham im unvollendeten Roman „Sanditon“.

Wie geht es dir beim Beten? Bist du mit vollem Herzen dabei? Stimmt deine innere Haltung mit deinen Worten überein?

Psalm 69,17; 1. Petrus 5,6

7

Wertvoll & geliebt

Fanny: „An mir kann nie jemandem etwas liegen."
Edmund: „Und warum nicht?"
„Aus vielen Gründen – meine Lage, meine Dummheit und Unbeholfenheit."
„Was deine Dummheit und Unbeholfenheit betrifft, meine liebe Fanny, glaub mir, davon kann gar keine Rede sein – außer wenn du diese Wörter so unrichtig verwendest. Es gibt überhaupt keinen Grund, warum jemandem nicht an dir liegen sollte, der dich wirklich kennt. Du hast gesunden Menschenverstand und bist gutmütig, und ich bin ganz sicher, dass du ein dankbares Herz hast, das nie Freundlichkeit empfangen würde, ohne sie erwidern zu wollen. Ich kenne keine besseren Eigenschaften für eine Freundin und Gefährtin."
„Das ist wirklich nett von dir", sagte Fanny und errötete über so viel Lob.[49]

Unterhaltung zwischen Fanny Price und Edmund Bertram in „Mansfield Park"

Fanny Price ist zutiefst erschüttert. Gerade eben hat ihre Tante, Lady Bertram, verkündet, dass Fanny Mansfield Park verlassen muss – das Anwesen, das ihr in den letzten Jahren endlich zu einem neuen Zuhause geworden ist. Jetzt soll sie zu ihrer anderen Tante, Mrs Norris, ziehen – eben jener Tante, die sie aus angeblich mildtätigen Zwecken nach Mansfield Park geholt und dann doch keine „Kapazitäten" frei gehabt hatte, um sich um ihre junge Nichte zu kümmern.

Trotz ihrer Mildtätigkeit hatten sie und Fannys Cousinen es geschafft, Fanny das Gefühl zu vermitteln, dumm und unbeholfen zu sein. Während des Unterrichts offenbarten sich bei Fanny grobe Wissenslücken und der gesellschaftliche Standesunterschied wurde nicht nur dadurch sehr deutlich.

Fanny fühlt sich dermaßen ungeliebt und unerwünscht, dass sie sich ihrem Cousin Edmund anvertraut – dem Einzigen in der Familie, der ein offenes Ohr für sie hat. In einem Moment der Zweisamkeit bricht es aus ihr heraus: „Ich weiß, hier bedeute ich niemandem etwas, und doch liebe ich das Haus sehr."[50]

Im zarten Alter von acht Jahren dem beengten, ärmlichen und trubeligen Zuhause entrissen zu werden, sich unter fremden Menschen in einem noblen, großen Herrenhaus zurechtfinden zu müssen und dann noch dem Vergleich mit den gebildeteren Cousinen standhalten zu müssen, ist eine ganz schöne Herausforderung für einen so jungen Menschen. Und wenige Jahre darauf das neue Zuhause wieder verlassen zu müssen – einfach schrecklich!

Ich wundere mich ehrlich gesagt gar nicht darüber, dass Fanny ein solch geringes Selbstbewusstsein hat und sich ziemlich wertlos fühlt. Aber Edmund findet liebevolle Worte, um seiner Cousine die Angst davor zu nehmen, bei ihrer anderen Tante, Mrs Norris, zu wohnen. Er führt Fanny vor Augen, was wirklich von Wert ist: Gutmütigkeit, Freundlichkeit, ein dankbares Herz und ein gesunder Menschenverstand – Eigenschaften, die man bei seinen Schwestern vergeblich sucht und die Fanny zu einer angenehmen Gefährtin für Mrs Norris machen.

Ertappst du dich auch ab und zu (oder vielleicht sogar ganz häufig?) bei dem Gedanken, nicht wertvoll zu sein? Jedes Scheitern, jeder Fehler führt dazu, dass du dich hinterfragst und dich mit anderen vergleichst? Ich muss gestehen, dass ich daran auch immer wieder zu knabbern habe. Genauso wie Fanny glaube ich bisweilen, dass ich nur geliebt bin, wenn ich mich so verhalte, wie es von mir erwartet wird, und wenn ich alles richtig mache. In der Vergangenheit führte das dazu, dass ich totale Angst davor hatte zu versagen und dadurch die Liebe und Annahme der anderen zu verlieren.

Ganz besonders deutlich wurde das, als ich einen neuen Job anfing. In den ersten Wochen unterliefen mir immer wieder Fehler und ich machte mich dafür richtig fertig. Ich dachte, ich würde jeden Moment das Ansehen meiner Kollegen und dann auch meine Arbeitsstelle verlieren. Du kannst dir ausmalen, welcher Druck und Stress sich dadurch in mir aufbauten. Allerdings vollkommen unnötig, denn meine Vorgesetzte war sehr geduldig mit mir.

Durch ihre Freundlichkeit wurde ein gewaltiger Lernprozess in mir angestoßen. Im Austausch mit meinen Kollegen erfuhr ich, dass auch ihnen immer wieder Fehler passierten. Durch den offenen Umgang mit unseren Schwächen und unsere Ehrlichkeit wurden wir uns plötzlich viel sympathischer und unser Zusammenhalt wuchs. Was ich in meinem neuen beruflichen Umfeld wissen und können musste, erlernte ich von da an sehr viel unbefangener.

Zur selben Zeit durfte ich neu erkennen, dass Jesus uns völlig bedingungslos liebt. „Kann uns noch irgendetwas von

Christus und seiner Liebe trennen? Etwa Leiden, Angst und Verfolgung, Hunger oder Kälte, Gefahren für Leib und Leben oder gar der Tod?", lesen wir in Römer 8,35 (GNB). Oder Fehler, Dummheit, Unbeholfenheit?, möchte ich ergänzen.

Gott hat uns erschaffen und trotz aller Fehler und Sünden, die wir immer wieder begehen, erachtet er uns als so wertvoll, dass er seinen Sohn Jesus an unserer Stelle sterben ließ! Mit Harriet Smiths Worten aus „Emma" sagt Gott zu dir: Du bist „mein kostbarster Besitz"[51]. Ist das nicht ein riesiger Liebesbeweis?! Die Angst, wertlos zu sein, ist also vollkommen unbegründet.

Deshalb kann ich Fanny auf ihre Äußerung „hier bedeute ich niemanden etwas" voller Überzeugung entgegnen: Liebe Fanny, das stimmt ganz und gar nicht! Du wirst geliebt, auch wenn du das gerade nicht sehen kannst. Gott liebt dich und hat dir einen lieben Menschen, Edmund, zur Seite gestellt, dem du dich, genauso wie Gott, in allen Situationen zuwenden kannst. Gottes Ohr ist genauso offen für dich wie Edmunds und eines Tages wirst du sogar die große Liebe in diesen Räumlichkeiten finden – mit jemandem, der deine „Eigenschaften für eine Freundin und Gefährtin" schon lange zu schätzen wusste (aber eine Weile brauchte, bis er zu dieser Erkenntnis gelangte).

Ich bin mir sicher, dass Jane Austen dies ihrer Romanfigur ebenfalls zugesagt hätte.

Was hindert dich daran, die Liebe Gottes zu erkennen und anzunehmen? Welchen Lügen glaubst du noch? Welche Wahrheiten darfst du dir selbst zusprechen?

Jesaja 43,4; Zefanja 3,17; Psalm 139,14

8

Hoffnungslosigkeit & Zuversicht

Seit die erste Freude über Mr Crawfords Brief an William sich gelegt hatte, hatte sie sich im genau umgekehrten Zustand befunden; um sie gab es keinen Trost, in ihr keine Hoffnung. Nun lächelte die Welt sie an. Williams Glück fiel ihr wieder ein, und sie wusste es mehr zu schätzen als vorher. Auch der Ball – ein so erlebnisreicher Abend stand ihr bevor. Nun erfüllte er sie mit echter Vorfreude, und sie begann, sich mit der glücklichen Erregung anzukleiden, die zu einem Ball gehört.[52]

Über Fanny Price in „Mansfield Park"

Fannys älterer Bruder William ist bei den Bertrams auf Mansfield Park zu Gast. Sein Besuch neigt sich bereits dem Ende zu, als er den Wunsch äußert, Fanny wieder einmal tanzen zu sehen. So wie früher, als sie beide noch jünger waren und gemeinsam in Portsmouth bei ihren Eltern lebten.

Durch Fannys Umzug nach Mansfield Park sehen sich die beiden nur noch sehr selten.

Williams Wunsch lässt seinen Onkel, Mr Bertram, nicht ungerührt. Und so ist es schnell beschlossene Sache, dass in kürzester Zeit ein Ball aus dem Ärmel gezaubert werden soll. Das bevorstehende Fest löst bei Fanny gemischte Gefühle aus.

In dieses Gefühlschaos hinein erzählt ihr ihr sechs Jahre älterer Cousin Edmund, dass er bei Dr. Grant war. Fanny ist bei seinen Worten sofort bestürzt, da sie vermutet, dass er dort um die Hand von Mary Crawford angehalten hat. Hoffnungslosigkeit überfällt sie, denn insgeheim schlägt ihr Herz für ihren Cousin. Mit einem gequälten Lächeln beichtet Edmund ihr jedoch, dass er Mary lediglich um die ersten beiden Tänze des Balls gebeten hat.

Nun ringt Fanny erst recht mit ihren Gefühlen: Erleichterung, weil Edmund Mary keinen Heiratsantrag gemacht hat; Bestürzung, weil die ersten beiden Tänze eines Balls dennoch ein großes Interesse an der Tanzpartnerin verraten.

Als Edmund sich von ihr verabschiedet, schenkt er Fanny einen Blick voll dankbarer Zuneigung. Gerade noch von Hoffnungslosigkeit bestimmt, erwacht in Fanny wieder die Vorfreude auf den Ball: „... ein so erlebnisreicher Abend stand ihr bevor. Nun erfüllte er sie mit echter Vorfreude, und sie begann, sich mit der glücklichen Erregung anzukleiden, die zu einem Ball gehört.“[53]

Momente voller Hoffnungslosigkeit sind nicht immer von so kurzer Dauer wie in Fannys Fall. Manchmal sind es mehrere Tage, Wochen oder gar Monate, in denen wir keine Zuversicht mehr haben und uns die Zukunft ganz und gar düster erscheint.

Während der acht Jahre, die sie mit ihrer Familie in Bath verbracht hat, soll auch Jane Austen eine depressive Phase gehabt haben. So erklärt man sich, dass in dieser Zeit keine neuen Romane entstanden sind. Möglicherweise vermisste die Autorin die gewohnte und beschauliche Umgebung Steventons. Oder sie sorgte sich nach dem Tod ihres Vaters darum, wie es für sie, ihre Mutter und Cassandra weitergehen sollte.

Solche Sorgen und Ungewissheit können uns in ein ziemlich dunkles Loch saugen. Mit diesem Gefühl hatte ich während der Corona-Pandemie zu kämpfen. Plötzlich wurde ich meiner Ziele und Pläne, ja, des normalen Alltags beraubt. Einen Strohhalm, an den ich mich klammern und aufrecht halten konnte, schien es zeitweise nicht mehr zu geben. Ich entdeckte keinen Lichtblick, egal wie sehr ich mich bemühte. Ich trug Maske, traf mich mit niemandem oder nur sehr wenigen Menschen, hielt Abstand – aber es brachte kein zufriedenstellendes Ergebnis. Die Pandemie schien kein Ende zu nehmen. Ich weiß von vielen meiner Freundinnen, dass sie ähnlich empfanden. Du vielleicht auch?

Als ich wieder einmal mit Hoffnungs- und Perspektivlosigkeit zu kämpfen hatte, wurde mir auf einmal bewusst, dass ich meine Hoffnung von bestimmten Zielen und Ereignissen in der Zukunft abhängig machte. So wie bei Fanny, die sich auf den bevorstehenden Ball freut. An große Feste, Hochzeits- und Geburtstagsfeiern oder Partys war während der Pandemie monatelang nicht zu denken. Genauso wenig wie an Konzerte, Theateraufführungen, Reisen, an normale Gottesdienste, Treffen mit der gesamten Familie oder mehreren Freundinnen. Worauf also sollte ich mich überhaupt noch freuen, woher einen Rest Zuversicht zusammenkratzen?

Mitten in dieser Situation las ich einen Psalm von Asaf, einem Gesangsmeister, der von König David sozusagen als Lobpreisleiter eingesetzt war. Zwölf der 150 Psalmen werden ihm zugeschrieben und einer davon schlug bei mir ein wie ein Blitz:

Doch mir geht es gut, weil ich mich nahe an Gott halte! Ich setze meine Zuversicht auf den allmächtigen Herrn.
Psalm 73,28 NLB

In Vers 25 desselben Psalms sagt Asaf sogar: „Du bist mir wichtiger als alles andere auf der Erde." Da wurde mir klar, woran es mir mangelte: Ich hatte Gott aus dem Fokus verloren! Mein Blick war nicht mehr auf ihn gerichtet. Die Hoffnungslosigkeit hatte mir die Sicht nach oben, zu ihm, versperrt.

Wie die Symptome einer Krankheit auf eine bestimmte Krankheitsursache hinweisen, kann Hoffnungslosigkeit ein Symptom dafür sein, dass wir von falschen Dingen abhängig sind:[54] Geld, Erfolg, der Liebe und Anerkennung eines bestimmten Menschen, Gesundheit, schönem Wetter ... Aber diese Dinge sind nicht beliebig verfügbar und das Leben läuft nicht immer rund. Dann fühlen wir uns hilflos und fangen an, uns und unsere Situation infrage zu stellen – und auch Gott: „Hast du mich vergessen?"

Die Psalmisten – man geht davon aus, dass es neben Asaf und König David noch weitere fünf gab – hatten mit denselben Gefühlen zu kämpfen wie wir heute. Im sehr lesenswerten Psalm 25 beispielsweise schüttete David Gott sein Herz aus: „HERR, wende dich mir zu und sei mir gnädig, denn ich bin einsam und vom Leid gebeugt. Sprenge du die Fesseln, die mir das Herz zusammenschnüren" (Vers 16-17).

Trotz der schweren Umstände wusste David, wohin mit

seiner Hoffnungslosigkeit, und war sich bewusst, dass Gott ihn in seiner Situation nicht allein ließ: „Hätte ich Flügel und könnte mich wie die Morgenröte niederlassen am äußersten Ende des Meeres, so würde auch dort deine Hand mich leiten, ja, deine rechte Hand würde mich halten!" (Psalm 139,9-10).

Dass Gott mich auch in meinem hoffnungslosen, dunklen Loch sieht und mich in seiner Hand hält, vergesse ich leider immer wieder. Ich kann nicht von mir behaupten, dass mir dann immer, wie David, der Gedanke kommt, mich Gott zuzuwenden und ihm zu erzählen, was mich niederdrückt. Stattdessen gebe ich dem Zweifel mehr Raum als Gottes Zusage: „Ich werde alles wieder zum Guten wenden" (Jeremia 29,14 GNB).

In solchen Momenten bin ich dankbar, dass ich einen Ehemann und liebe Freundinnen habe, die mir helfen, meinen Blick wieder auf Gott und weg von den Problemen zu lenken, die mich daran erinnern, dass Jesus uns versprochen hat: „Ich bin als das Licht in die Welt gekommen, damit jeder, der an mich glaubt, das Licht hat und nicht in der Finsternis bleibt" (Johannes 12,46). Er reicht uns die Hand und wir brauchen sie nur zu ergreifen, damit er uns herauszieht.

Das ist allerdings leichter gesagt als getan. Deshalb suche ich mir – wenn mir erst mal bewusst geworden ist, dass ich in diesem „Loch" hänge – Unterstützung: Ich bitte meine engsten Freundinnen, für mich zu beten. Oftmals beten wir gemeinsam – das geht auch sehr gut per Telefon, wenn man sich gerade nicht treffen kann. Dann mache ich einen strammen Spaziergang mit meinem Ehemann über die Feldwege hinter unserem Haus. Während wir laufen, reden wir über alles, was mir gerade das Herz zusammenschnürt, meinen Kopf nicht zur Ruhe kommen lässt.

Was mir außerdem hilft: Lobpreismusik anmachen. Da

bin ich wie die Psalmisten: Ich muss mir das Herz „freisingen“. Außerdem schnappe ich mir meine Bibel und lese meine Lieblingsverse durch. Eine gute Möglichkeit, um sich für hoffnungslose Phasen zu wappnen, ist übrigens das Auswendiglernen von Bibelversen. Wenn dann die Dunkelheit wieder an einem zupft, kann man sie sich bewusst ins Gedächtnis rufen. Manchmal kommen sie einem sogar von selbst in den Sinn.

Solche in Kopf und Herz verwahrten Bibelverse haben mir auch meine Freundinnen per WhatsApp zugeschickt, als ich während der Corona-Pandemie so niedergedrückt war. Ohne dass sie davon wussten, wie es mir gerade ging, schickten sie mir genau zum richtigen Zeitpunkt tröstliche Bibelworte, ein „Ich denk an dich“ oder den Link zu einer ermutigenden Predigt. Da habe ich gemerkt, wie wichtig es ist, anderen kleine Hoffnungszeichen zu senden. Wir dürfen die Hoffnung nicht für uns behalten. Möglicherweise hängt jemand aus deinem Umfeld gerade ebenfalls in einem dunklen Loch, ohne dass du davon weißt.

Als mir eine Freundin in einer meiner hoffnungslosen Phasen ein Lobpreislied schickte, fühlte es sich an, als würde Gott mich umarmen und mir mit Mr Bennets Worten (gerichtet an seine Ehefrau) zuflüstern: „Meine Liebe, lass dich nicht von so trüben Gedanken unterkriegen. Wir wollen die Hoffnung nicht aufgeben.“[55]

Mein Rezept gegen Hoffnungslosigkeit:

* „Teatime“ mit Gott: In der Bibel lesen (z. B. Psalm 62,6-9), dabei schwarzen Tee mit Milch trinken und beten
* Ein Lobpreislied hören
* Mit einer Freundin telefonieren oder mich mit ihr treffen und ihr ehrlich sagen, wie’s mir geht
* Blumen kaufen, im Garten oder auf dem Balkon werkeln

Was Mr Parker aus dem unvollendeten Roman „Sanditon“ verschrieben hätte:

Einen sechswöchigen Aufenthalt am Meer[56]

Was ist dein Rezept?

Erkennen Sie
Ihr eigenes Glück.
Sie brauchen nur
ein wenig Geduld;
oder geben Sie dem
einen reizvolleren Namen –
nennen Sie es Hoffnung.

Jane Austen, „Verstand und Gefühl“

9

Garten

Es stimmte Fanny traurig, auf die Freuden des Frühlings zu verzichten. Sie hatte vorher nicht geahnt, auf welche Freuden sie verzichten musste, wenn sie den März und April in der Stadt verbrachte. Sie hatte nicht geahnt, wie sehr sie es genoss, wenn alles grün und üppig wurde; wie sie körperlich und seelisch aufgelebt war, wenn sie beobachtete, wie sich diese Jahreszeit entfaltete, die bei aller Launenhaftigkeit niemals reizlos ist, und ihre zunehmenden Schönheiten wahrnahm, von den ganz frühen Blumen in den geschützteren Ecken im Garten ihrer Tante bis zum Aufgehen der Blätter in den Baumschulen ihres Onkels und der Pracht seiner Wälder. Auf solche Freuden verzichten zu müssen, war keine Kleinigkeit; aber darauf verzichten zu müssen, weil sie mitten in Beengtheit und Krach lebte; Freiheit, Frische, Duft und Grün mit Gefangenschaft, schlechter Luft, schlechten Gerüchen eintauschen zu müssen, war unendlich viel schlimmer.[57]

Fanny Price in „Mansfield Park"

Dass Jane Austen Gärten liebte und sich sehr gerne darin aufhielt, „ist eine allgemein anerkannte Tatsache“[58]. Sie scheute sich auch nicht, sich ein altes Kleid überzuwerfen und im Küchengarten ihres zuletzt bewohnten Zuhauses, Chawton Cottage, selbst Hand anzulegen. Oft arbeitete sie stundenlang im Garten[59], wie sich ihre Nichte Caroline erinnerte, bewässerte die Beete, grub die Erde um, zupfte Unkraut und pflückte sich zur Belohnung ein paar leckere Erdbeeren, Äpfel oder Pflaumen.

Auch in ihren Romanen spielen Gärten eine nicht unwesentliche Rolle. Jane Austen beschrieb darin nicht nur die majestätischen Herrenhäuser und kleinen, ärmlichen Cottages ausführlich, sondern auch die dazugehörigen Gärten und Parks. Dabei soll sie sich an den Gärten der Häuser orientiert haben, die sie selbst kannte, darunter Stoneleigh Abbey, ehemalige Zisterzienserabtei. Man nimmt an, dass der Garten dieses Anwesens Jane Austen zu dem fünf Meilen großen Park von Mansfield inspirierte.

Nach Mansfield Park im Frühling, nach der grünen Weite, sehnt sich Fanny Price sehr. Mehr als sie je geahnt hätte! Doch in diesem Moment befindet sie sich bei ihrer Familie im Küstenstädtchen Portsmouth, wohin sie zurückgeschickt worden war, in einem beengten Häuschen, in dem eine Horde jüngerer Geschwister herumtobt und keine Privatsphäre vorhanden ist. Der Kontrast könnte nicht größer sein! Kein Wunder, dass sie sich nach Mansfield Park zurückwünscht, wo sie im weitläufigen Park spazieren gehen, ausreiten, die Blumen beim Erblühen und den Wechsel der Jahreszeiten beobachten konnte. Wie selbstverständlich war dies alles zuletzt für sie gewesen! Doch jetzt weiß sie es sehr zu schätzen und insgeheim hofft sie, bald wieder in Edmunds Begleitung durch den Garten streifen zu können.

Auch andere Figuren von Jane Austen halten sich häufig

in Gärten auf, was in Romanverfilmungen gerne aufgegriffen wird. Darin kann man den Bennet-Schwestern beim Blumenpflücken zusehen oder Emma, die versucht, eine Buchsbaumhecke in Form zu schneiden.

Früher ging man im Garten auch einfach nur spazieren, mit Vorliebe auf gekiesten Wegen, denn sonst bekam man aufgrund der dünnen Slipper schnell nasse Füße (das wurde unter allen Umständen vermieden, sonst war man sofort krank!). Dabei konnte man sich wunderbar unterhalten und sich an der Blumenpracht erfreuen: an Staudenbeeten, duftenden Rosen und Flieder, lieblichen Hortensien, den ersten Tulpen.

Denkst du nicht auch jedes Mal, wenn du spazieren gehst oder Zeit im Garten verbringst, wie wunderschön die vielen unterschiedlichen Blumen, Bäume und Tiere doch sind? Oder wenn du einen farbenfrohen Schmetterling beobachtest, der scheinbar ziellos um den Flieder (Jane Austens Lieblingsblume!) herumtorkelt?

Und dabei gibt es nicht nur *eine* Art Schmetterlinge oder *eine* Art Flieder! Nein, von jeder Art gibt es gleich mehrere, wenn nicht sogar viele Tausend! Etwa zwanzig bis fünfundzwanzig Fliederarten soll es geben und man schätzt, dass es weltweit mehr als 180 000 Schmetterlingsarten gibt; von Äpfeln – die Jane ebenfalls sehr schätzte – um die 30 000 Sorten!

Schauen wir uns alle Geschöpfe genauer an, kommen wir nicht umhin, ins Staunen zu geraten. Das alles kann nicht einfach durch einen Zufall entstanden sein – da muss jemand dahinterstecken, der mit einer unermesslichen Macht und Kreativität ausgestattet ist.

Die Schöpfung bezeugt, dass es Gott wirklich gibt, und wir können darin auch etwas über seinen Charakter herauslesen. Zum Beispiel, dass er Humor hat: Manches Tier ist so lustig gestaltet, dass man einfach lachen muss. Gott erschuf eine unermessliche Artenvielfalt, die bis heute noch nicht vollends erforscht ist, was zeigt, dass er nicht nur die Vielfalt liebt, sondern uns auch gerne überrascht.

Ganz offensichtlich ist Gott sehr fleißig und der begnadetste Gärtner schlechthin. Er „pflanzte einen Garten in Eden gegen Osten hin“ (1. Mose 2,8 LUT) und ließ darin „allerlei Bäume aus der Erde hervorsprießen, lieblich anzusehen und gut zur Nahrung“ (1. Mose 2,9 SLT). Natürlich erschuf Gott nicht nur Bäume, sondern auch unvorstellbar schöne Blumen, Gräser, verschiedene Obst- und Gemüsepflanzen.

Und wofür das alles? Für uns! Er „setzte den Menschen hinein, den er gemacht hatte“ (1. Mose 2,8 LUT), wie ein Elternteil sein Kind im Kindergarten „absetzt“ und ihm dann liebevoll „Viel Spaß beim Spielen!“ zuruft. „Viel Spaß beim Gärtnern und Entdecken“, hat Gott vielleicht Adam und dann auch Eva zugerufen. Und den hatten sie bestimmt! Denn im Garten zu graben, zu säen, zu beobachten, wie alles (hoffentlich) wächst und gedeiht, zu ernten und anschließend die Ernte zu verarbeiten, hat etwas unbeschreiblich Befriedigendes an sich!

Warum erfüllt und erfreut es uns eigentlich so sehr, zu gärtnern und die Pflanzen- und Tierwelt zu bewundern? Ich denke, wir fühlen uns in diesen Momenten Gott besonders nahe. Wir wandeln in seinen Fußstapfen, wenn wir einen Samen in die Erde legen, seine Schöpfung hegen und pflegen und uns daran sattsehen.

Vielleicht war Mr Collins, der Pfarrer aus „Stolz und Vorurteil“, auch deshalb so ein passionierter Gärtner. Seine Frau Charlotte weiß das sehr zu schätzen, wie sie ihrer Freundin Elizabeth Bennet in einem ungestörten Moment erzählt. Ihr schelmischer Augenaufschlag verrät jedoch, dass es ihr dabei nicht in erster Linie um die Gartenhecke geht, die einen regelmäßigen Schnitt braucht, oder um das tägliche Gießen der geliebten Kartöffelchen; vielmehr ist es ihr angenehm, dass ihr Gatte dann beschäftigt ist, statt im Haus herumzuhängen und ihr auf die Nerven zu gehen.

Mrs Parker schwelgt im unvollendeten Jane-Austen-Roman „Sanditon" ebenfalls in Erinnerungen an den ertragreichen Garten, der zu ihrem früheren Cottage gehörte. Als ihre Kutsche auf dem Weg zum Badeort Sanditon an ihrem alten, gemütlichen Zuhause vorbeirumpelt, ruft sie an Emma gewandt aus: „Und ein so hübscher Garten, ein so ausgezeichneter Garten!"[60] Es erfüllt Mrs Parker mit Dankbarkeit, dass der Gärtner sie immer noch mit den dort wachsenden Früchten versorgt. Ihr Stadthaus in Sanditon scheint all das nicht zu bieten – und auch keine Schatten spendenden Bäume, wie man der Sehnsucht, die in ihren Worten mitschwingt, entnehmen kann.

Eine solche Oase hat Jane Austen in ihrer Zeit in Bath sicher ebenfalls sehr vermisst. Im Vergleich zu dem großen Nutzgarten, den die Austens in Steventon gehegt und gepflegt hatten, war der von Mäuerchen umrahmte „Handtuchgarten" im englischen Kurort ein starker Kontrast. Der Familie und besonders Jane fehlte der Blick ins Weite und ins Grüne.

Ich gehe stark davon aus, dass Jane sich in Bath wie Fanny fühlte, weit weg vom Zuhause ihrer Kindheit, von den ländlichen Gärten mit ihrer bunten Blumenvielfalt, den Schatten spendenden Hecken und Bäumen und einer Bank mit Blick auf hügelige Wiesen und Felder. Fannys Gedanken zum Mansfield'schen Garten enthalten daher wohl auch ganz viel von Jane Austen: Auf solche Freuden verzichten zu müssen, war keine Kleinigkeit.[61]

Ob du einen grünen Daumen hast oder nicht (wie ich), ob

du einen Garten besitzt oder eine Terrasse, einen Balkon oder nichts von alledem: Eine Fensterbank und ein Blumentopf reichen schon. Fülle ihn mit lockerer Blumenerde. Dann gibst du einen oder mehrere (Blumen-)samen hinein und beobachtest, wie sich das kleine Wunder in den nächsten Wochen entwickelt. Gießen natürlich nicht vergessen!

1. Mose 1; Römer 1,19-20

An einem so
schönen Tag
im Schatten zu sitzen
und auf tiefes Grün
zu blicken, ist die
beste Erfrischung.

Jane Austen, „Mansfield Park“

10

Nächstenliebe

Emma hatte sehr viel natürliches Mitleid, und die Armen konnten sich darauf verlassen, dass ihr unglückliches Schicksal ebenso durch ihre persönliche Anteilnahme und ihr Verständnis, durch ihren Rat und ihre Geduld wie durch ihr Portemonnaie erleichtert wurde. … In diesem Falle waren es Krankheit und Armut zugleich, die sie aufsuchte, und nach dem Besuch, für den sie sich so viel Zeit nahm, wie sie brauchte, um Trost und Rat zu spenden, verließ sie die Hütte so beeindruckt von der Szene, dass sie beim Weggehen zu Harriet sagte: „Das sind die Eindrücke, Harriet, die einem guttun. Wie unwichtig erscheint daneben alles andere! Es kommt mir vor, als könnte ich für den Rest des Tages an nichts anderes als diese armen Leute denken …“[62]

Über Emma in „Emma“

An einem Tag Mitte Dezember beschließt Emma, eine arme, kranke Familie zu besuchen. Gemeinsam mit ihrer Freundin Harriet Smith unternimmt sie dem nasskalten Wetter zum Trotz einen Spaziergang zum Häuschen der Familie, die etwas außerhalb von Highbury wohnt. Emma trägt einen Korb, den die Köchin ihr mit einem Rest Schweinebraten, einigen Äpfeln, Brot, etwas Butter und Honig gefüllt hat. Auf dem Weg zu den ärmlichen Hütten schlendern die beiden jungen Damen plaudernd die gewundene Hauptstraße an der „gesegneten Behausung“[63] des Pfarrers Mr Elton vorbei.

Dass sie daran vorbeikommen, kommt Emma nicht ungelegen, denn ihre Hilfsbereitschaft möchte sie nicht nur den Notleidenden zuteilwerden lassen, sondern auch Harriet: Sie soll mit dem Pfarrer verkuppelt werden. Emma will bei diesem Spaziergang also zwei Fliegen mit einer Klappe schlagen. Und tatsächlich: Als sie auf dem Rückweg von ihrem Besuch sind, begegnen die beiden Freundinnen Mr Elton. Welch eine glückliche Fügung!

Wenn ich über Emma nachdenke, fallen mir zuallererst ihre überbordende und selbstlose Hilfsbereitschaft und Nächstenliebe ein. Hier und da schießt sie mit ihren gut gemeinten Taten zwar übers Ziel hinaus, aber man spürt ihr ab, dass sie dabei nicht an sich denkt, sondern das Wohl des anderen im Blick hat. Mit ihren Besuchen und ihrer tatkräftigen Unterstützung von Bedürftigen zeigt sie, dass sie ein Herz für Kranke, Schwache und Arme hat. Außerdem sorgt sie sich rührend um ihren ständig kränkelnden Vater.

Obwohl Jane Austen nicht im selben Luxus aufwuchs, in dem sie ihre Romanfigur Emma leben lässt, tat auch sie mit ihrer Schwester Cassandra Armen und Notleidenden viel Gutes. Da es zur damaligen Zeit keine Wohltätigkeitsvereine, keine Sozialhilfe oder Ähnliches gab und auch die Regierung sich nicht um Bedürftige kümmerte, war es Aufgabe der Pfarrer und Reichen, Nächstenliebe zu üben.[64] So schenkte Jane ein paar Frauen, die vermutlich in Armut lebten, zu Weihnachten wollene Strümpfe, ein Hemd und einen Schal.[65]

Nächstenliebe ist für unser Zusammenleben enorm wichtig, damals wie heute. Sie sorgt dafür, dass die Waage zwischen Selbstfürsorge und dem Blick für andere in Balance bleibt. Nicht auszudenken, was passieren würde, wenn die Waage auf der einen Seite ein starkes Übergewicht haben würde und es nur noch um Egoismus und Eigennützigkeit ginge. Und seien wir mal ehrlich: Unsere jetzige Gesellschaft tendiert schon recht stark dahin.

Jesus selbst half jedem, der ihn darum bat. Er fordert auch uns auf, unsere Mitmenschen, die Not leiden, zu „lieben". Selbstlos, so wie es Emma und der barmherzige Samaritaner getan haben. Eben dieses Gleichnis vom Samaritaner ist *das* Paradebeispiel für Nächstenliebe und Hilfsbereitschaft in der Bibel. In dieser Geschichte, die Jesus damals seinen Jüngern erzählte, hilft ein Samaritaner einem am Wegesrand liegenden, verletzten Reisenden, indem er ihn auf eigene Kosten in einer Herberge versorgen und pflegen lässt:

Er ging zu ihm hin, goss Öl und Wein auf seine Wunden und verband sie. Dann setzte er ihn auf sein eigenes Reittier, brachte ihn in ein Gasthaus und versorgte ihn mit allem Nötigen. Am nächsten Morgen nahm er zwei Denare aus seinem Beutel und gab sie dem Wirt. „Sorge für ihn!", sagte er. „Und sollte das Geld nicht ausreichen, werde ich dir den Rest bezahlen, wenn ich auf der Rückreise hier vorbeikomme."

Lukas 10,34-35

Der Samaritaner scheut sich nicht, den Anblick des Leids zu ertragen und den gesellschaftlichen Graben zu überwinden, der zwischen den Juden und Samaritanern herrschte. Er hilft einfach.

Ich weiß, manchmal kostet es wirklich Überwindung, jemandem zu helfen. Die Zeit ist knapp, das Geld ebenfalls und vielleicht ist die Person zu allem Überfluss auch noch unsympathisch. Dennoch liegt ein besonderer Segen auf Hilfsbereitschaft, wie Jesus deutlich macht:

> *„Kommt her, ihr seid von meinem Vater gesegnet! Nehmt das Reich in Besitz, das seit der Erschaffung der Welt für euch vorbereitet ist. Denn ich war hungrig, und ihr habt mir zu essen gegeben; ich war durstig, und ihr habt mir zu trinken gegeben; ich war ein Fremder, und ihr habt mich aufgenommen; ich hatte nichts anzuziehen, und ihr habt mir Kleidung gegeben; ich war krank, und ihr habt euch um mich gekümmert; ich war im Gefängnis, und ihr habt mich besucht.“*
>
> *Matthäus 25,34-36*

Jesus sagt damit: Wenn wir uns anderen in Nächstenliebe zuwenden, tun wir das nicht nur für diese Person, sondern ebenso für Jesus selbst. Ist das nicht ein wunderschöner, motivierender Gedanke?

Und es gibt noch jemanden, der vom Helfen profitiert: Du selbst! Zu helfen bewirkt etwas in uns. Unsere eigenen Sorgen und Probleme rücken in den Hintergrund. „Wie belanglos erscheint doch daneben alles übrige“[66], sagt auch Emma zu ihrer Freundin Harriet, während sie zu der armen Familie spazieren.

Abgesehen davon ist es sehr erfüllend, diese Verschmelzung von Helfen und Dankbarkeit zu erleben. Wenn jeder sich mit seinen Kräften und Ressourcen für eine Person einsetzt, die wiederum einer anderen hilft, entsteht eine Art „Hilfskosmos". So erlebe ich es in meiner Gemeinde, aber auch im Kleinen, wenn z. B. meine alleinerziehende Freundin jemanden braucht, der auf ihren Sohn aufpasst. Ich springe dann von Herzen gerne ein. Und sie hilft mir, wenn ich eine Betreuung für meine Kinder brauche. Oder sie unterstützt eine Bekannte beim Renovieren ihres Hauses; einer anderen putzt sie die Wohnung, weil sie es nicht allein schafft. Diese beiden helfen ihr wiederum beim Einkaufen.

Du siehst: Hilfsbereitschaft muss nicht viel kosten. Emma unterstützt andere nicht nur mit Lebensmitteln, sondern auch mal „mit persönlicher Fürsorge und Güte, mit Geduld und guten Ratschlägen"[67] – wobei ihre „guten Ratschläge" nicht immer so hilfreich sind ...

Manchmal aber will einem einfach keine Idee kommen, womit man jemanden unterstützen kann, oder man hat gerade keine Kapazitäten dafür frei. Wenn es dir auch so geht, dann kannst du immer noch beten – wie Jane Austen, die die Hilfsbedürftigen in ihre Fürbitte einschloss: „Mögen die Kranken und Bedrängten jetzt und immer deine Sorge sein; und von Herzen beten wir ... für den Trost und Schutz der Waisen und Witwen."[68] Auch das bewirkt viel!

Wem könntest du diese Woche helfen? Und wie?

Matthäus 25,35-40

11

Erschöpfung

Emma erwiderte voller Mitgefühl: „Das kann doch kein Grund für Sie sein, sich jetzt Gefahren auszusetzen. Ich muss die Kutsche kommen lassen. Sogar die Hitze wäre eine Gefahr. Sie sind jetzt schon erschöpft."
„Das stimmt", erwiderte sie [Jane Fairfax]. „Ich bin erschöpft, aber es ist keine Erschöpfung, die ... Bewegung wird mir guttun. Miss Woodhouse, wir kennen alle gelegentlich Anfälle von Niedergeschlagenheit. Ich muss gestehen, ich bin am Ende. Sie erweisen mir die größte Freundlichkeit, wenn Sie mich in Ruhe lassen und nur sagen, dass ich gegangen bin – falls es nötig ist."
Emma wollte sie nun mit keinem weiteren Wort zurückhalten. Es war ihr alles völlig klar. Sie konnte sich gut in ihre Lage versetzen, begleitete sie aus dem Haus und sah ihr mit der Besorgtheit einer echten Freundin nach.[69]

Jane Fairfax und Emma in „Emma"

Eine kleine Gesellschaft hat sich gebildet, um auf Mr Knightleys imposantem Anwesen Donwell Abbey Erdbeeren zu pflücken. Den Besuchern bietet sich ein herrlicher Anblick – wohltuend für Auge und Gemüt: „englisches Grün, englische Landschaftskultur, englisches Behagen, wie es im hellen Sonnenschein unaufdringlich daliegt“[70].

Während die Gäste mit breitkrempigen Hüten und Körbchen ausgestattet durch den großen Park mit seinen Schatten spendenden Bäumen und Alleen streifen, sticht unbarmherzig die Sonne vom Himmel. Es ist sehr heiß und man könnte vermuten, dass Jane Fairfax sich aus diesem Grund an Emma wendet, um ihr mitzuteilen, dass sie aufbrechen möchte.

Aber es ist etwas anderes, das Jane umtreibt: Sie ist geistig und seelisch erschöpft. Vollkommen am Ende. Die letzten Wochen, die sie bei ihrer Tante, Miss Bates, und ihrer Großmutter, Mrs Bates, verbracht hat, müssen anstrengend gewesen sein. So lieb Miss Bates auch ist, ihr Mundwerk steht niemals still. Einzige Fluchtmöglichkeit bieten Jane da – weil zu Miss Bates Wohnung kein Garten gehört – ausgedehnte Spaziergänge ... Außerdem gibt sich die Ehefrau des Dorfpfarrers, Mrs Elton, hartnäckig Mühe, Jane bei einer wohlhabenden Familie als Gouvernante oder Lehrerin unterzubringen – ohne bei ihren Bemühungen auf Janes Zurückhaltung und Abneigung gegen derlei Pläne Rücksicht zu nehmen.

Und dann ist da auch noch die Geheimniskrämerei von Frank Churchill. Er will seine Liebe zu Jane nicht öffentlich machen, flirtet stattdessen fleißig mit Emma und lenkt damit die Bewohner Highburys auf die falsche Fährte. Jane kann es nicht länger ertragen, ihn dabei zu beobachten. Wahrscheinlich bricht ihr der Gedanke, ihre Zukunft nicht mit Frank verbringen zu können, das Herz.

Ich kann Janes Erschöpfung regelrecht am eigenen Leib spüren. So viele Sorgen zerren an ihr, ihre Zukunft liegt im Dunkeln und als Waise hat sie wenig andere Optionen, als bei ihrer Tante und Großmutter zu leben. Allerdings ist es dort nicht sehr entspannend, weil sie kaum Rückzugsmöglichkeiten hat. Sie ist innerlich total zerrissen. So was erschöpft ungemein, das kann ich aus eigener Erfahrung bestätigen und ich schätze mal, dass du das auch kannst. Manchmal wird alles zu viel.

Bei Jane kommt erschwerend hinzu, dass sie als Frau kaum Möglichkeiten hat, etwas an der Situation zu verändern, in der sie sich gerade befindet. Man hatte damals gar keine Wahl und hielt deshalb eher den Mund und ertrug alles – erst recht, wenn man so ein zurückhaltendes Wesen hatte wie Jane. Als sie endlich die Anzeichen der Erschöpfung wahrnimmt und etwas dagegen unternimmt, scheint es fast schon zu spät zu sein. Jane Austen lässt an dieser Stelle den Eindruck entstehen, Jane Fairfax sei kurz davor zusammenzubrechen. (Interessant, dass sie diese Romanfigur nach sich benannt hat, findest du nicht auch?)

Auch in meinem Leben gab es schon Momente, in denen ich mich so erschöpft gefühlt habe wie Jane Fairfax. Ein paar Mal sogar so sehr, dass ich mich wie Elizabeth Bennet in „Stolz und Vorurteil" aus „schierer Erschöpfung"[71] zurückziehen und weinen musste.

Es gibt Zeiten, in denen wir ununterbrochen funktionieren müssen. Die eigenen Kinder müssen versorgt werden, Geld muss verdient, der Haushalt erledigt werden und oftmals kommen noch Gemeindeaktivitäten und vieles andere hinzu. Ebenso die vielen Erwartungen, von denen wir meinen, dass wir sie erfüllen müssen. Schnell übersehen wir die eigenen Bedürfnisse und gönnen uns keine Ruhepausen mehr. Die Tage sind dermaßen ausgefüllt, dass sogar der Sonntag herhalten muss, um Dinge zu erledigen.

Aber – und diese bittere Pille musste ich auch schlucken –

sich selbst keine Ruhepausen zu gönnen, kann fatal enden, z. B. in einem Burn-out. Dabei hat uns Gott extra einen Tag zum Ausruhen geschenkt, wie wir in der Schöpfungsgeschichte nachlesen können: „Am siebten Tag war Gottes Werk abgeschlossen, und er ruhte von seiner Arbeit. Gott segnete den siebten Tag und erklärte ihn für heilig. Denn an diesem Tag ruhte er, nachdem er sein Schöpfungswerk vollendet hatte“ (1. Mose 2,2-3). Er macht uns vor, wie wir den Ruhetag nutzen sollen: nämlich zum Ausruhen – und zu nichts anderem!

Ist es nicht faszinierend, dass Gott sich auch einen Ruhetag gegönnt hat? Er hat sich nicht wie an den vorherigen Tagen sein Werk angeschaut. Er ließ am siebten Tag sprichwörtlich den Hammer fallen und *ruhte.* Das ist doch eine tolle Steilvorlage, um die Woche mit all ihren Herausforderungen mal hinter uns zu lassen, alle Arbeit zu vergessen, uns am besten gar nicht erst daran zu erinnern. Und auch den nächsten Tag noch nicht in Angriff zu nehmen. Denn Gott nutzte den Ruhetag ebenfalls nicht, um im Voraus zu planen, was er in der kommenden Zeit noch bewerkstelligen könnte …

Zwar ist es aus beruflichen Gründen nicht jedem vergönnt, am Sonntag auszuruhen, und nicht jeder feiert den Sonntag als Ruhetag. Wichtig ist dennoch, dass man sich wöchentlich bewusst einen Tag der Ruhe verschreibt. Auch wenn sich ein Berg Wäsche angehäuft hat und es scheinbar keine große Sache wäre, die Waschmaschine anzustellen und schnell die Wäsche in den Trockner zu schmeißen bzw. aufzuhängen. Oder rasch eine E-Mail der Lehrerin zu beantworten, Arbeitsblätter für den Online-Unterricht auszudrucken, im WhatsApp-Gruppenchat mit den Arbeitskollegen etwas Wichtiges abzusprechen …

Weit gefehlt! Denn eh man sich’s versieht, ist die Zeit, die Gott uns zur Erholung geschenkt hat, futsch! Wenn wir das eine Zeit lang nicht so ernst nehmen mit dem Ruhetag, sind wir irgendwann richtig erschöpft. Unsere Gedanken kreisen nur noch um unsere alltäglichen Dinge und sorgen dafür, dass wir vergessen, uns zu erholen. Und das ist doch echt schade in Anbetracht des tollen Geschenks, das uns Gott mit dem Ruhetag gemacht hat!

In den Briefen an ihre Schwester Cassandra kann man nachlesen, wie Jane Austen ihre Sonntage verbrachte: mit Briefeschreiben, Gottesdienstbesuchen (damals eine Selbstverständlichkeit), Besuchen oder Spaziergängen in Begleitung von Gästen. Vielleicht hat ihr das geholfen, den Kopf wieder freizubekommen.

In den letzten Monaten hat sich für mich herauskristallisiert, dass ich beim Lesen richtig gut entspannen kann. Wer mich kennt, den wird das nicht wundern. Zu der Erkenntnis zu gelangen, dass ich das zur Erholung *brauche,* dauerte es jedoch ziemlich lange.

Was tut dir gut, damit du zur Ruhe kommen kannst, sodass du wie Fanny Price (die übrigens auch sehr schnell erschöpft und müde ist) in „Mansfield Park“ sagen kannst: „Ich werde mich bald wieder erholt haben“[72]? Plane dir diese Woche bewusst Zeiten ein, um zur Ruhe zu kommen, um zu beten und dir von Gott neue Kraft schenken zu lassen.

Jesaja 40,28-31

12

Musik

Emma zu Mrs Elton: „Ich frage gar nicht erst, ob Sie musikalisch sind, Mrs Elton. In solchen Fällen geht der Ruf einer Dame ihr selbst voraus, und in Highbury weiß man seit Langem, dass Sie eine erstklassige Klavierspielerin sind."
„So? Nein, gar nicht, dagegen muss ich protestieren. ... Ich liebe die Musik von ganzem Herzen, liebe sie mit wahrer Leidenschaft, und meine Freunde sagen, ich bin nicht ganz ohne musikalischen Geschmack, aber darüber hinaus ... wahrhaftig! Nein, mein Spiel ist durch und durch mittelmäßig, ich bitte Sie! Sie, Miss Woodhouse, spielen, wie ich sehr wohl weiß, zauberhaft. Ich bitte Sie, ich habe mit der größten Genugtuung, Beruhigung, dem größten Entzücken zur Kenntnis genommen, in was für eine musikalische Gesellschaft ich geraten bin. Ich kann ohne Musik einfach nicht leben; Musik ist ein Lebenselixier für mich ..."[73]

Mrs Elton und Emma in „Emma"

Die frisch vermählte Mrs Elton ist soeben mit ihrem Gatten zu einem Gegenbesuch bei Emma und ihrem Vater in Hartfield eingetroffen. Zuvor hatte Emma mit ihrer Freundin Harriet Smith einen Antrittsbesuch bei den Eltons gemacht, um den Frischverheirateten zu gratulieren und Hartfields Neuzugang zu begrüßen.

Nun sitzt Mrs Elton Emma gegenüber auf dem geschwungenen, in hellem Gelb gemusterten Mahagoni-Sofa mit den kleinen Kissen. Da Mr Eltons Aufmerksamkeit ganz von Emmas Vater in Anspruch genommen wird, ergibt sich für die Damen ein wenig Zeit zum Plaudern und Kennenlernen.

Während sie in ihren geblümten Teetässchen mit Goldrand rühren, lässt Mrs Elton den Blick anerkennend durch den Raum schweifen und vergleicht alles an Hartfield mit ihrer Heimat Maple Grove. Emma wird regelrecht „mundtot gemacht“[74] vom unablässigen Gequassel ihres Gegenübers.

Irgendwann führt sie (innerlich entnervt) einen Themenwechsel herbei, indem sie Mrs Eltons erstklassige Fähigkeit, Klavier zu spielen, anspricht. Damit schmeichelt sie ihrem Gast nicht nur, sie hat auch ein Thema gefunden, zu dem sie ebenfalls etwas beitragen kann. Aber weit gefehlt. Musik ist Mrs Eltons *absolutes* Lieblingsthema, ihr „Lebenselixier“; ohne Musik ist das Leben für sie öde und leer[75]. Ob Emma jemals wieder zu Wort kommen wird ...?

Ein Leben ohne Musik – kaum vorstellbar! Für Jane Austen muss es genauso gewesen sein, denn Musik nimmt in ihren Romanen einen nicht unbeträchtlichen Raum ein. Kein Wunder, bei all den Bällen und gesellschaftlichen Anlässen, zu denen die Protagonisten eingeladen sind.

Viele ihrer Romanfiguren setzt Jane Austen an Klavier oder Harfe, aber sie gesteht ihnen die unterschiedlichsten Begabungen darin zu. Elizabeth Bennet z. B. behauptet von sich, nicht sonderlich geübt zu sein. Mary hingegen, Elizabeths jüngere Schwester, klimpert mit Inbrunst bei jeder sich bietenden Gelegenheit mehr oder weniger muntere Stücke. Und auch Marianne Dashwood liebt es, Klavier zu spielen und mit ihrer zauberhaften Stimme dazu zu singen. Jane Fairfax bekommt sogar ein Klavier geschenkt, das Anlass für eine Menge Spekulationen gibt – weißt du, von wem?

Dass die Musik einen hohen Stellenwert in Jane Austens Romanen hat, liegt sicher auch daran, dass die Familie Austen sehr musikinteressiert war und die Autorin selbst gerne Klavier gespielt hat. Oft setzte sie sich auf Wunsch ihrer Schwester an das Instrument, „zu ihrem Vergnügen"[76]. Sie spielte nicht nur Lieder und Tänze, sondern liebte auch Stücke der Komponisten Haydn, Beethoven und Mozart.

Meine Schwester spielte in ihrer Kindheit und Jugend ebenfalls Klavier und wir liebten es, wenn der Klang der munteren Klavierstücke durchs Haus scholl. Jeder ging währenddessen leise mitpfeifend oder -summend seinen Tätigkeiten nach.

So ging es den Austens sicher auch. Weil Noten damals wesentlich teurer waren als heute, war es üblich, sich Musikalien abzuschreiben, was auch Jane Austen tat.[77] Es gibt zwei handgeschriebene Notenbücher der Autorin – und wer schreibt sich extra Noten ab, wenn er sie nicht nutzen möchte?

Lass dich mal auf das Gedankenspiel ein, was ein Leben ohne Musik für Jane Austen und ihre Romane bedeutet hätte. Es hätte keine Bälle und keinen Tanz gegeben, weniger vergnügliche Zerstreuung. Keine Marianne, die am Flügel ihren Gefühlen nachgeht. Es hätte keine Elizabeth gegeben, die bei Lady Catherine de Bourgh von Oberst Fitzwilliam überredet wird, sich ans Piano zu setzen. Mr Darcy hätte sich nicht zu ihnen gesellt und es hätte sich kein Gespräch übers Klavierspielen ergeben. Und Frank Churchill hätte nicht die auf dem Klavier spielende Emma und danach Jane Fairfax gesanglich begleitet.

Oder stell dir eine Jane-Austen-Verfilmung ohne Musik vor. Sehr öde und trist, oder? Musik ruft so viele Emotionen in uns hervor, untermalt die Handlung und setzt den Filmen das Sahnehäubchen auf.

Und was wäre ein Gottesdienst ohne Musik, Gesang und Anbetung? Einen Vorgeschmack darauf haben wir während der Corona-Pandemie schon bekommen, in der wir im Gottesdienst wegen des Ansteckungsrisikos nicht singen durften. Immerhin konnte Musik gemacht werden – aber nicht singen zu dürfen, fühlte sich für mich schon schmerzhaft falsch an.

Wem es bei der Vorstellung, ohne Musik auskommen zu müssen, garantiert ebenfalls das Herz gebrochen hätte, ist König David. Dieser bekannte Mann aus dem Alten Testament hat mindestens 73 Psalmen verfasst – Gebete und Gedichte in Liedform – und war ein begnadeter Harfenspieler. „Du, Herr, gibst mir Grund dafür, dich zu loben inmitten der großen Gemeinde", singt er in Psalm 22,26. Mit den Psalmen hat er einer Vielzahl von Gefühlen Ausdruck verliehen: Freude, Trauer, Angst, Sehnsucht, Wut …

Als David noch ein junger Mann war, wurde er von König Saul (seinem Vorgänger) häufig gerufen. Saul war ziemlich unentspannt, cholerisch, gewalttätig und von negativen Gedanken besessen. Auf seinen Befehl hin spielte David ihm dann auf der Harfe vor und der gesamte Missmut und die schlechten Gedanken fielen für einige Zeit vom König ab.

Wenn das bei Saul funktionierte, kann das auch bei uns funktionieren, meinst du nicht? Musik kann uns tatsächlich helfen, das Durcheinander in unserem Kopf und in unseren Herzen zu ordnen. Lobpreis- und Anbetungslieder lenken unseren Blick weg vom trubeligen Alltag, den sich überschlagenden Nachrichten aus aller Welt, und richten unsere Gedanken auf Gott. Um das zu erleben, muss man nicht musikalisch sein oder ein Instrument spielen können. Denn im Gegensatz zu der Zeit, in der Jane Austen oder König David lebten, ist Musik heutzutage fast immer und überall abrufbar.

Gönn dir doch einen Moment der Musik, der Ruhe und Entspannung, indem du dich auf die Melodie und ggf. auf den Text eines schönen Anbetungsliedes konzentrierst.

Manchmal ist einem allerdings gar nicht nach Lobpreis und Gesang zumute. Und das ist absolut in Ordnung. Nur weil wir Christen sind, müssen wir nicht immer Fröhlichkeit mimen. Gott versteht uns und unsere Gefühle, er weiß, wie es uns gerade geht.

Doch vielleicht spricht er genau in dem Moment durch einen Song in dein Leben hinein? Die Melodie eines christlichen Liedes geistert durch deinen Kopf, du wirst dir des Textes bewusst – und er passt perfekt zur aktuellen Situation? Mir geht es jedenfalls sehr oft so und ich spüre, dass Gott da zu mir spricht. Oft gehörte Lieder setzen sich in unseren Herzen fest und manchmal erinnert uns der Heilige Geist dann im richtigen Augenblick daran.

Deshalb ist es so wohltuend, Musik zu lauschen, sich Playlists zu speichern oder anzulegen mit den Lieblingssongs für Zeiten, in denen alles ausweglos und düster erscheint. Musik kann uns helfen, die Brücke zu schlagen hin zu Gott, wie ein inneres Gebet. Sie schenkt uns Worte, wenn wir sprachlos sind und nicht mehr wissen, wie wir beten können.

Und sie kann uns an schöne Zeiten erinnern und wieder froh machen. Diese Erkenntnis teilt auch Jane Fairfax, in deren Aussage ganz bestimmt viel von Jane Austens persönlicher Erfahrung eingeflossen ist: „Welche Seligkeit, eine Melodie wiederzuhören, bei der man einmal glücklich war!“[78]

Wie wäre es jetzt mit einer kleinen Lobpreiszeit, in der du dich mithilfe eines Liedes Gott „mit dem Herzen wie mit den Lippen“[79] zuwendest, wie es Jane Austen in einem ihrer Gebete formuliert hat?

Psalm 108

Nur weil uns
ein Stückchen Glück
fehlt, sollten wir
nicht aufhören, *alles*
andere zu genießen.

Jane Austen,
„Mansfield Park“

13

Ermahnung

Mr Knightley: „Emma, ich muss noch einmal mit dir sprechen wie früher; ein Privileg, das du vielleicht eher ertragen als zugestanden hast, wovon ich aber noch einmal Gebrauch machen muss. Ich kann nicht zusehen, wie du falsch handelst, ohne dich darauf hinzuweisen. Wie kannst du nur so herzlos zu Miss Bates sein? Wie kannst du deinen Witz nur an einer Frau ihres Charakters, Alters und ihrer Stellung auslassen? Emma, ich hätte es nicht für möglich gehalten."
Emma erinnerte sich, errötete, bereute, versuchte aber lachend darüber hinweg-zugehen. „Na, ich konnte doch gar nicht anders. Da kann man doch nicht den Mund halten. Es war doch ganz schlagfertig. Übrigens hat sie mich nicht verstanden."
„Doch, darauf kannst du dich verlassen. Sie hat dich ganz genau verstanden. Sie spricht seitdem von nichts anderem."[80]

Mr Knightley und Emma Woodhouse in „Emma"

Ein kleines Grüppchen hat sich auf dem Box Hill zu einem Picknick zusammengefunden. Es locken ein fantastischer Ausblick auf satt-grüne, bewaldete Hügel und lauter Leckereien: verschiedene Salate, gebratene Hühnchen, eingemachtes Obst, Roastbeef, Kekse, Limonade, Ingwerbier, Champagner …

Trotzdem kommt für Emmas Geschmack durch die Grüppchenbildung zu wenig gute Stimmung auf. Nicht einmal von Frank Churchill, der sie in letzter Zeit mit seinem Charme umgarnt hat, kommt ein flotter Spruch, was sie sehr wundert. Während alle anmutig und halbwegs entspannt auf den Picknickdecken sitzen, kommt Emma eine Idee: Um ein bisschen Schwung in die Gesellschaft zu bringen, könnten sie ein Spiel spielen, bei dem man „einen sehr witzigen Beitrag, sei es in Prosa oder Versen, etwas Eigenes oder Zitiertes – oder zwei mäßig witzige Beiträge –, oder drei ausgesprochene Dummheiten“[81] von sich geben soll.

Miss Bates, eine ältere, geschwätzige Bekannte von Emma, ist sofort Feuer und Flamme. Bei ihr könne man sich darauf verlassen, dass sie drei ausgesprochene Dummheiten sage, sobald sie den Mund aufmache, gibt sie ehrlich zu. „Sie werden sich in der Zahl beschränken müssen – nur drei auf einmal“[82] –, kontert Emma frech und unbedacht und zieht sich damit den Unmut Mr Knightleys zu. Der Spaß an dem Spiel verebbt schnell. „Wahrhaftig, das war schlecht an ihr gehandelt!“[83], rügt Mr Knightley seine junge Freundin, als alle im Aufbruch begriffen sind.

Ich denke, dass Emma das Ausmaß ihrer unsensiblen Äußerung schon während des Picknicks durch Miss Bates’ Reaktion und durch das Verhalten des Pfarrerehepaars Elton bewusst geworden ist. Von ihrem engsten Freund, der wie ein großer Bruder für sie ist, dafür gemaßregelt zu werden, weckt in Emma zusätzliche Verärgerung über sich selbst, aber vor allem auch Scham und Bedauern.

In ihrem jugendlichen Überschwang hat sie einen Fehler gemacht und gerade deswegen wäre es fatal gewesen, hätte sie niemand darauf hingewiesen. Ihr Verhalten hätte sich nicht gebessert. Doch Mr Knightley fällt seine Rüge sicher nicht leicht, denn er kennt und schätzt Emma schon lange – auch wenn er seine romantische Zuneigung, die weit über das Brüderliche hinausgeht, nicht offen zeigt.

Findest du es auch so schwierig, dir nahestehende Menschen zu ermahnen? Doch Ermahnungen sind wichtig – nicht nur in der Kindererziehung – und Mr Knightley fasst sich glücklicherweise ein Herz, indem er ausspricht, was alle anderen beim Picknick gedacht haben.

Damit handelt er sehr biblisch, denn schon in Lukas 17,3 gibt Jesus seinen Jüngern mit auf den Weg: „Wenn dein Bruder – und das gilt entsprechend für die Schwester – ein Unrecht begangen hat, dann stell ihn zur Rede, und wenn er es bereut, dann verzeih ihm“ (GNB).

Mit Bruder und Schwester sind unsere Geschwister im Glauben gemeint. Somit sind Jesu Worte immer noch aktuell und für uns gültig. Wir sollten jedoch immer prüfen, ob es sich wirklich um ein Unrecht handelt, und unsere Mitmenschen nicht unüberlegt maßregeln.

Mr Knightley ist mir darin ein Vorbild. Er hat nicht nur sehr klug gehandelt, er hat es – und das ist das Entscheidende – aus Liebe getan. „Wenn ich in den unterschiedlichsten Sprachen der Welt, ja, sogar in der Sprache der Engel reden kann, aber ich habe keine Liebe, so bin ich nur wie ein dröhnender Gong oder ein lärmendes Becken“, heißt es in 1. Korinther 13,1 (Hfa).

Die Liebe macht den Unterschied! Aus Mr Knightleys Ermahnung spricht sein Mitgefühl mit Miss Bates genauso wie seine Liebe zu Emma. Geduldig erklärt er ihr, worin ihr Fehler bestand. Dadurch öffnet sich Emmas Herz, auch wenn sie erst einmal versucht, ihren Fehler zu überspielen. Dennoch bringen Mr Knightleys Worte sie dazu, ihr Verhalten noch mal bewusst zu überdenken. Ein paar Tage später überwindet sie sich und stattet Miss Bates einen Besuch ab, um sich für ihre Äußerung zu entschuldigen. Bei all ihren Schwächen ist das eine große Charakterstärke von Emma, sich etwas sagen zu lassen.

Auch unsere beliebte Autorin war immer wieder bereit, Kritik anzunehmen, wie wir in einem Brief an Cassandra nachlesen können. Darin schildert Jane ein Treffen mit einer nicht näher beschriebenen Betty Londe, die Jane mitteilte, dass sie die vielen Besuche von Cassandra vermisse. Jane versteht sofort, dass dieser Wunsch nach mehr Gesellschaft auch ihr selbst gilt. „Das war ein versteckter Vorwurf gegen mich, den ich bedaure verdient zu haben und mir zu Herzen nehmen werde“[84], teilt sie ihrer Schwester mit und ich vermute, dass sich Betty Londe kurz darauf über viele Besuche von Jane freuen konnte.

Hier zeigt sich Jane Austens Feinfühligkeit. Immer war sie darauf bedacht, sich zu bessern, was auch in einem ihrer überlieferten Gebete zum Ausdruck kommt. Dort bittet sie Gott: „Lehre uns, die Sündhaftigkeit unseres eigenen Herzens zu verstehen und jeden Fehler des Temperaments und jede böse Angewohnheit zu erkennen, in der wir uns dem Unbehagen unserer Mitmenschen und der Gefahr unserer eigenen Seelen hingegeben haben.“[85]

Hätte Mr Knightley seine Ermahnung Emma gegenüber nur „durch die Blume“ geäußert, wäre sie bei seiner jungen Freundin vermutlich wirkungslos verhallt. Natürlich sind versteckte Vorwürfe und Ermahnungen zwischen den Zeilen wesentlich leichter vorzubringen, aber in der Bibel gibt es dafür keine Beispiele. Gott sprach durch seine Propheten, manchmal auch Engel, sehr konkrete und direkte

Ermahnungen aus. Ebenso Jesus und die Apostel. Sie redeten nicht um den heißen Brei herum, sondern kamen ohne Umschweife zur Sache. Das kommt zwar wenig einfühlsam rüber, erzielt aber seine Wirkung.

Eine zu zaghaft oder indirekt geäußerte Rüge hinterlässt nicht denselben Eindruck wie eine konkret ausgesprochene. Ich kann meine Tochter beispielsweise zehnmal am Tag liebevoll ermahnen, nicht auf der Couch rumzuturnen – die Erfahrung hat gezeigt, dass dabei zu viele Stehlampen kaputtgehen und das Verletzungsrisiko zu groß ist. Die liebevoll geäußerten Ermahnungen bewirken nichts. Zwei Minuten später hüpft sie wieder fleißig darauf herum. Manchmal müssen wir sehr direkt sein – aber dann aus einem gut gemeinten, liebevollen Grund wie in Mr Knightleys Beispiel.

Dadurch hat sich auch für ihn bewahrheitet, was wir in Sprüche 28,23 lesen: „Wer einen anderen zurechtweist, wird zuletzt mehr Gunst finden als derjenige, der mit der Zunge schmeichelt" (SLT).

Wann wurdest du zuletzt ermahnt? Wie wurde die Ermahnung vorgebracht und wie ging es dir dabei? Was hat sie bewirkt?

Jona 3

14

Langmut & Geduld

Ich bin immer wieder herzlich froh darüber, dass Sie bei dem Ausflug nach Box Hill nicht dabei waren. Hätten Sie mein Benehmen dort beobachtet, dann dürfte ich kaum jemals wieder mit Ihrer Sympathie rechnen. Die Wirkung auf sie [Jane Fairfax] drückte sich in dem unmittelbar darauf gefassten Entschluss aus. Sobald sie erfuhr, dass ich Randalls tatsächlich verlassen hatte, nahm sie das Angebot dieser aufdringlichen Mrs Elton an, deren gesamte Behandlung von Miss Fairfax mich, nebenbei bemerkt, von Anfang an mit Empörung und Hass erfüllt hat. Ich habe wenig Anlass, Langmut zu verurteilen, die mir selbst so reichlich gewährt worden ist, aber sonst würde ich gern laut dagegen protestieren, wie diese Frau die Geduld anderer ausgenutzt hat. ‚Jane', das hatte gerade noch gefehlt! Es wird Ihnen aufgefallen sein, dass noch nicht einmal ich mich für berechtigt halte, sie beim Vornamen zu nennen, nicht einmal Ihnen gegenüber.

Sie können sich vorstellen, was ich gelitten haben muss, wenn ich zuhören musste, wie die Eltons sich diesen Vornamen in dem ganzen vulgären Bedürfnis nach unnötiger Wiederholung und in der Unverschämtheit eingebildeter Überlegenheit gegenseitig zuwarfen.[86]

Frank Churchill in einem Brief an Mrs Weston in „Emma"

Diesen Brief richtet Frank Churchill an Mrs Weston, Emmas ehemalige Gouvernante, die kürzlich Franks verwitweten Vater geheiratet hat. Darin erklärt er seiner jungen Stiefmutter sein undurchschaubares Verhalten, das Anlass für viele Spekulationen hinsichtlich seiner Gefühle für Emma geboten und für falsche Interpretationen gesorgt hat. Aus Angst, dass seine bis dahin heimliche Verlobung mit Jane Fairfax auf wenig Gegenliebe bei seiner Tante und Ziehmutter stößt, hat er Emma offensiv den Hof gemacht.

Frank ist sich mehr als bewusst, dass er von allen viel Verständnis und „Langmut" erhalten hat für sein Verhalten; aber wie Mrs Elton die Geduld anderer ausgenutzt hat, gefällt ihm überhaupt nicht.

Mrs Elton und ihr Ehemann, der Pfarrer von Highbury, hatten nämlich die Unverfrorenheit besessen, Jane Fairfax beim Vornamen zu nennen. Das drückte zur damaligen Zeit eine starke Vertrautheit aus. Üblich war es, dass nur Eltern ihre Kinder und Geschwister sich untereinander duzten und beim Vornamen nannten.[87] Ansonsten blieb man strikt beim Sie; selbst Kinder siezten ihre Eltern, wie man im Brief von Frank Churchill an seine Stiefmutter sieht.

Was Frank zusätzlich empört: Mrs Elton hatte Jane regelrecht dazu getrieben, eine Stelle als Gouvernante anzunehmen. Das sorgt bei ihm für großes Unverständnis und strapaziert seine Langmut mit Mrs Elton aufs Äußerste.

Langmut ist ein ziemlich altmodischer Begriff, der heutzutage nur noch selten verwendet wird. Oder hast du schon mal zu jemandem gesagt: „Heute habe ich besonders viel Langmut mit dir gehabt"? Wenn uns das Wort dennoch begegnet, setzen wir es meist mit „Geduld" gleich – ein Begriff, von dem wir wesentlich häufiger Gebrauch machen.

Aber bedeuten „Geduld" und „Langmut" wirklich dasselbe? Als ich die beiden Worte in einem Lexikon nachschlug, entdeckte ich zu meinem eigenen Erstaunen, dass es tatsächlich einen feinen Unterschied zwischen den Begriffen gibt: Langmut ist ein Verhalten, das sich durch ruhiges, *nachsichtiges* Ertragen oder *Abwarten* kennzeichnet. Geduld bedeutet ruhiges und *beherrschtes* Ertragen von etwas, was unangenehm ist oder sehr lange dauert.

Der Geduldige beherrscht seine Gefühle und erträgt eine Situation, die lange andauert und deren Ausgang oder Ende ungewiss ist, beispielsweise eine lebensbedrohliche Krankheit und Schmerzen. Langmut beschreibt dagegen eher die Nachsicht mit anderen Menschen. Der Langmütige ärgert sich nicht so schnell.

Mrs Weston hat diese wunderbare Eigenschaft bewiesen, indem sie mit Frank Churchill einen langen Atem hatte. Sie wartete seine immer wieder verschobenen Besuche ab, ohne sich zu beschweren. Und sicher hatte sie auch Verständnis für ihn gehabt, als er ihr per Brief sein Verhalten auf Box Hill erläuterte.

Aber nicht nur von Mrs Weston können wir in Sachen Langmut lernen. Anne Elliot im Roman „Überredung" hat meines Erachtens auch ein sehr langmütiges Wesen. Immerhin musste sie sich sehr lange gedulden, bis sie endlich Kapitän Wentworth heiraten konnte (auch wenn sich das dann ganz unverhofft ergab, ohne dass sie „aktiv" darauf gewartet hätte). Und auch gegenüber ihrer fordernden Schwester ist Anne ja sehr sanftmütig.

Wenn wir uns bestimmte Charaktere in Jane Austens Romanen näher betrachten, gibt es da allerdings auch einige, die ein nachsichtiges Ertragen des Lesers erfordern: Mr Collins, Mrs Bennet, Kitty Bennet, Mrs Norris, Mr Rushworth, Mr Willoughby ... Möchtest du der Liste noch jemanden hinzufügen?

Im richtigen Leben wird unsere Langmut ebenfalls des Öfteren strapaziert. Spontan fällt mir da zum Beispiel unsere Katze ein, die wochenlang den Futternapf anjammert, weil ihr das geliebte Dosenfutter auf einmal nicht mehr zusagt (keine Angst, sie hat überlebt – Trockenfutter sei Dank). Oder meine Kinder, die ich zehnmal daran erinnern muss, dass 5 Grad trotz Sonnenschein noch keinen Sommer machen und sie besser eine Jacke anziehen sollten, wenn sie rausgehen.

In solchen Momenten bewundere ich Mrs Weston, Anne Elliot und auch unseren himmlischen Vater für ihre Langmut und Geduld. Langmut wird nämlich auch in der Bibel immer wieder betont. So heißt es beispielsweise in Psalm 145,8: „Gnädig und barmherzig ist der HERR, langmütig und reich an Gnade" (ZB).

Leider wurde der Begriff in vielen Bibelübersetzungen ausradiert. Ich vermute, dass das dem altertümlichen Klang geschuldet ist. Und so gerät das Wissen um Gottes unermessliche Langmut mit uns in Vergessenheit. Häufig steht dort stattdessen „Geduld" oder „geduldig", was – wie wir ja nun wissen – eine ähnliche und dennoch nicht identische Bedeutung hat.

In meinen Augen unterschlägt das Wort „Geduld" einen

Wesenszug Gottes. Er ist mehr als ruhig und beherrscht (jedenfalls meistens): Er hat einen langen Atem mit uns und wartet ab, wie wir uns verhalten und entscheiden. Und findest du nicht, dass „langmütig" noch dazu viel liebevoller klingt?

„Aber auch größte Langmut hat schließlich ein Ende"[88], schreibt Lady Susan, die Hauptfigur aus dem gleichnamigen Briefroman. Bei Gott ist das nur selten der Fall, und selbst wenn er mal mit seiner Langmut am Ende war, ließ er noch mit sich reden.

Eine Geschichte, die davon erzählt, wie Gottes Langmut stark auf die Probe gestellt wurde, findest du ziemlich am Anfang der Bibel. Das Volk Israel wanderte vierzig Jahre durch die Wüste und bekam von Gott immer wieder Hilfe und deutliche Zeichen seiner Liebe und Versorgung. Trotzdem zweifelte das Volk an ihm, was Gott zornig machte. In 2. Mose 32,7-14 kannst du nachlesen, was geschah und wie Gott reagierte.

Welche Person fordert dich zurzeit besonders heraus? Bitte Gott, dir die nötige Langmut im Umgang mit ihr zu schenken.

2. Mose 32,7-14; Sprüche 14,29

15

Wahre Schönheit

Miss Bingley zog über alles an Elizabeth her – ihr Aussehen, ihr Auftreten, ihr Kleid. „Ich für meinen Teil ... habe ja nie etwas Schönes an ihr gefunden. Ihr Gesicht ist zu schmal, ihr Teint hat keinen Glanz, es ist nichts Bemerkenswertes an ihren Zügen. Der Nase fehlt es an Ausdruck und entsprechend schwach ist ihr Profil. Ihre Zähne sind passabel, aber nicht besser als die meisten; und die Augen, von denen es einmal hieß, dass sie so hübsch seien – ich finde sie ganz und gar gewöhnlich. ... Ich weiß noch, dass Sie eines Abends, nachdem Sie zum Essen in Netherfield gewesen waren, sagten: ‚Sie ist eine Schönheit! – ebenso gut könnte man sagen, ihre Mutter hat Verstand.' Später haben Sie ja Ihre Meinung geändert, ..."
„Ja", antwortete Darcy, der kaum noch an sich halten konnte, „aber hübsch habe ich sie nur zu Anfang gefunden; jetzt scheint sie mir schon seit vielen Monaten eine der schönsten Frauen, die ich kenne."[89]

Miss Bingley und Mr Darcy über Elizabeth Bennet in „Stolz und Vorurteil"

Wenn da mal nicht jemand eifersüchtig ist! Miss Bingley hat sich gerade um Kopf und Kragen geredet in dem Versuch, Mr Darcy, den Freund ihres Bruders, davon zu überzeugen, dass Elizabeth Bennet nicht dem gängigen Schönheitsideal entspricht. Das musste jetzt einfach mal sein, denn die Entwicklungen der letzten beiden Tage waren für sie im höchsten Maße beunruhigend.

Mit ihrem Bruder Charles, ihrer jüngeren Schwester und ihrem Schwager hatte sie Mr Darcys 16-jährige Schwester Georgiana von London zu seinem Herrenhaus in Pemberley begleitet, wo sie ein paar schöne Sommerwochen verbringen wollten. Miss Bingley hatte sich schon auf die Kühle des Hauses und die Aufmerksamkeit des Hausherrn gefreut.

Doch kaum hatte sie einen Fuß aus der Kutsche gesetzt, da hatte der begehrte Darcy seine Schwester schon freudestrahlend in Empfang genommen und ihr von seinen Plänen für den kommenden Tag erzählt. Zum Gasthaus im nahe gelegenen Lambton wollte er mit ihr fahren, dort hielte sich derzeit Elizabeth Bennet mit ihrer Tante und ihrem Onkel zu einem Zwischenstopp auf ihrer Reise auf. Darcys Mimik war bei seiner Ankündigung, Georgiana mit Elizabeth bekannt machen zu wollen, so ungewohnt gelöst gewesen und seine Augen verrieten seine innere Aufgewühltheit.

Miss Bingleys Gedanken kamen daraufhin gar nicht mehr zur Ruhe. Da war etwas im Busch, das war nicht zu übersehen! Wenn Darcy seine Schwester (die einzige, noch lebende nähere Verwandte) jemandem vorstellen wollte, hatte das etwas zu bedeuten. Und das musste verhindert werden! Also sah Miss Bingley sich dazu veranlasst, sich ins Zeug zu legen: Schließlich wollte sie den stolzen Gentleman unbedingt für sich gewinnen! Warum musste es die Bennet-Schwester bei ihrer Reise auch ausgerechnet hier in die Gegend verschlagen, welch ein unglücklicher Zufall!

Nachdem Darcy und Georgiana nun am Vortag in Lambton gewesen waren, um Elizabeth zu treffen, hatte Miss Bingleys Konkurrentin ihnen einen Gegenbesuch abgestattet – früher als erwartet und vor allem unerwünscht! So bleibt Miss Bingley weniger Zeit für ihre eigenen Eroberungspläne.

Kaum haben sich Elisabeth und ihre Tante verabschiedet, kann sie sich nicht mehr zurückhalten. Bei herrlichem Ausblick durch die offenen Glastüren des Salons und nach dem Auftischen von frischem Obst, Kuchen und kaltem Braten stichelt sie gegen Elizabeth drauflos. Sie muss retten, was noch zu retten ist! Wenigstens mit ihrem eigenen Aussehen wird sie doch noch punkten können. Indem sie über Elizabeths angeblich wenig schönes Äußeres herzieht (das Netteste, was ihr zu sagen einfällt, ist: „Ihre Zähne sind passabel."), hofft sie, Darcy klarzumachen, wer hier die besseren Qualitäten hat. Aber ihre Bemühungen bleiben ohne die gewünschte Reaktion. Sicherlich hat Mr Darcy bei Miss Bingleys Ausführungen innerlich die Augen verdreht (und du vielleicht auch).

Vorsichtig ausgedrückt: Ihr Verhalten ist nicht gerade die feine englische Art (und eher typisch für Elizabeths Mutter, Mrs Bennet, die an Klatsch und Tratsch Gefallen findet). Deshalb feiere ich Mr Darcys Antwort, die Miss Bingley verstummen und mich jubelnd die Faust in die Luft recken lässt: „Ja, aber *hübsch* habe ich sie nur zu Anfang gefunden; *jetzt* scheint sie mir schon seit vielen Monaten eine der schönsten Frauen, die ich kenne."[90]

Warum gefällt mir (und dir sicher auch) die Antwort des sonst so zugeknöpften Gentleman? Erstens, weil er die arrogante Miss Bingley endlich in ihre Schranken weist. Zweitens, weil er Elizabeth immer noch liebt – und das, obwohl sie seinen Antrag abgelehnt hat. Drittens – und das finde ich besonders bemerkenswert: Seine Zuneigung zu Elizabeth ist mit der Zeit gewachsen, wodurch sie ihm umso schöner erscheint.

Schönheit war zu Jane Austens Zeit das Kapital der Frau, der blasse Teint ein Statussymbol. Ungebräunte Haut bedeutete, dass man nicht zur ärmeren Bevölkerung gehörte, die bei jedem Wetter auf den Feldern arbeiten musste. Mit einer edlen Blässe und einem schönen Äußeren war es für eine Dame um einiges einfacher, sich einen gut betuchten Mann zu angeln – vor allem, wenn die Mitgift eher dürftig ausfiel.

Eine Anne Elliot hätte es in der Welt der schönen und reichen Oberschicht garantiert nicht zu Ruhm und Anerkennung gebracht. Die Hauptfigur aus „Überredung“ trifft es mit ihrem Aussehen besonders hart. Mit Ende zwanzig ist ihre Blüte dahin, und weil ihre zarten Gesichtszüge und dunklen Augen so wenig denen des Vaters ähneln, liebt er sie sogar umso weniger.[91]

Kein Wunder also, dass Beschreibungen des Äußeren und des Teints so häufig Erwähnung in Jane Austens Romanen und Briefen finden. In ihrem unvollendeten Roman „Die Watsons“ entspinnt sich sogar eine rege Diskussion über helle und dunkle Teints (sehr amüsant zu lesen).

Ein gleichermaßen unsympathischer Vater, wie ihn Anne Elliot hat, kommt im 1. Buch Samuel im 16. Kapitel vor – bei einem Ereignis, das uns heute wie ein „Catwalk“ für Könige vorkommt. Gott hatte den Propheten Samuel losgeschickt, einen neuen König für Israel zu suchen und zu salben. Er zeigte ihm, wo er suchen sollte, und so landete der Prophet bei Isai, einem Vater mit sieben Söhnen. Dieser ließ erst einmal die vielversprechendsten sechs Söhne vor Samuel aufund abmarschieren. Sein jüngster Sohn David kam ihm dabei nicht in den Sinn.

Als Samuel vollkommen angetan seinen Blick über die sechs Söhne schweifen ließ, sagte Gott zu ihm: „Ein Mensch sieht, was vor Augen ist; der HERR aber sieht das Herz an“ (1. Samuel 16,7 LUT). An dieser „Herzensqualität“ muss es wohl gelegen haben, dass Gott keinen dieser Männer erwählte. Kaum wurde Samuel das klar, fragte er den Vater, ob er nicht noch mehr Söhne hätte. Daraufhin ließ Isai seinen jüngsten Sohn holen, der gerade noch draußen bei der Arbeit war. Als der junge Schafhirte Samuel vorgeführt wurde, zeigt Gott ihm: Der ist es!

Gott erwählte den eher klein geratenen David mit seinem knackig braunen Teint, obwohl er äußerlich nicht den Anschein erweckte, als König geeignet zu sein. Doch im Kampf gegen den Riesen Goliath bewies David sehr bald, dass er Köpfchen hatte und die richtige Herzenseinstellung. Deshalb war er für Gott der passende Kandidat für das Amt des Königs. Aus denselben Gründen erwählte Gott übrigens auch Maria als Mutter von Jesus; auch ihr hatte er ins Herz gesehen und sie für würdig erachtet, Gottes Sohn zur Welt zu bringen.

Aber was ist eigentlich die „richtige Herzenseinstellung"? Jesus beantwortet das in Matthäus 22,37: „Du sollst den Herrn, deinen Gott, lieben von ganzem Herzen, mit ganzer Hingabe und mit deinem ganzen Verstand!" (NGÜ). Wir sollen unser Herz ganz auf Gott ausrichten – das ist sogar das größte und wichtigste aller Gebote! Daraus ergibt sich alles andere.

So tief wie Gott können wir zwar nicht in die Herzen anderer schauen, aber wir können uns von Gott leiten lassen, ihn um Weisheit bitten, wie z. B. bei der Partnerwahl. Auch wenn es bei Mr Darcy und Elizabeth nicht Liebe auf den ersten Blick war, lernte Darcy mit der Zeit Elizabeths Qualitäten zu schätzen, liebte ihre Art, ihm Kontra zu geben, ihren Familiensinn und ihren Freigeist, was ihre Schönheit in seinen Augen noch steigerte.

Auch wenn wir uns heute nicht mehr um einen blassen Teint bemühen müssen, wird in unserer Gesellschaft viel mehr Wert auf äußere als auf innere Schönheit gelegt. Wir werden von den Schönheitsidealen der Modewelt, durch Instagram, YouTube und andere soziale Medien beeinflusst, die immer wieder neue Trends und die Messlatte enorm hoch setzen. Aus PR-Gründen haben manche Unternehmen zwar erkannt, dass es viele Sympathien einbringt, wenn sie in ihren Werbekampagnen Menschen mit „Problemzonen" zeigen, aber allzu verbreitet ist das (leider) noch nicht.

Doch die Bibel sagt uns: Unser Aussehen ist nicht das, worauf es ankommt! Vielleicht beschrieb Jane Austen auch deshalb selten makellose Schönheiten oder umschwärmte Ballköniginnen. Sie gestand den meisten ihrer Romanfiguren ein Aussehen zu, das nicht den damaligen Schönheitsidealen entsprach. Und ich denke, das ist auch ein Grund, warum wir ihre Bücher so lieben: Sie erschuf Frauen, die so normal und fehlerbehaftet sind wie du und ich – innerlich wie äußerlich.

Auch wir sollten unseren Blick nicht auf das Äußere richten und uns davon beeinflussen lassen, sondern tiefer sehen: ins Herz. Denn nicht immer hat jemand, der gut aussieht, einen guten Charakter. Das hat Miss Bingley sehr anschaulich bewiesen. Einen besseren Charakter beweist dagegen Jane Fairfax in „Emma": „Wenn ich einen Menschen schätze, dann finde ich immer, dass er gut aussieht."[92]

Überleg mal, welche Eigenschaften du an dir selbst magst, und schreib sie auf.

Welche Eigenschaften magst du an deinen Freundinnen?

Geschichte vom „königlichen Catwalk"
1. Samuel 16,1-13

Bisweilen
kommt es vor,
dass eine Frau
mit neunundzwanzig
entzückender
anzusehen ist, als sie es
mit neunzehn war.

Jane Austen,
„Überredung“

16

Klatsch & Tratsch

Wir haben die Brittons auf Burg Chilham getroffen. Außerdem übernachteten ein Mr und eine Mrs Osborne und eine Miss Lee im Haus, insgesamt waren wir nur vierzehn. Mein Bruder und Fanny fanden, es war die angenehmste Gesellschaft, die sie dort je getroffen hätten, und ich habe an dem Klatsch und Tratsch meinen Spaß gehabt. Ich wollte Dr. Britton schon immer kennenlernen, und seine Frau mit ihrer affektierten Vornehmheit und Eleganz amüsiert mich sehr. Miss Lee fand ich sehr gesprächig.[93]

Jane Austen in einem Brief an Cassandra

Am 6. November 1813 sitzt Jane Austen in einem der Zimmer von Godmersham Park, wo sie mal wieder zu Besuch bei ihrem Bruder Edward ist. Draußen um die roten Backsteinmauern des schlichten Herrenhauses weht ein kalter Wind und wirbelt ein paar Blätter auf, die über Nacht auf den Rasen des Parks gefallen sind. Erfreulicherweise spürt Jane nichts von der Kälte draußen, denn im Kamin prasselt ein gemütliches Feuer.

Die Fahrt zur Burg Chilham am vorangegangenen Abend war dagegen weniger angenehm gewesen. Der Regen hatte den Weg aufgeweicht und ein paar Mal war die Kutsche ins Schlingern geraten. Gott sei Dank hatten sie es nicht weit gehabt und waren wohlbehalten bei den Wildmans angekommen, die sie zum Dinner eingeladen hatten.[94]

Das Essen war wirklich hervorragend gewesen! Nach dem Tee hatten sich Janes Nichte Fanny und Miss Wildman ans Klavier gesetzt und muntere Stücke gespielt, zwischendurch wurde angeregt geplaudert. Jane hatte sich den Platz am Kamin gesichert und fühlte sich wie eine Anstandsdame: Sie behielt die jungen Leute im Blick, damit diese nicht über die Stränge schlugen und sich kein heimliches Rendezvous anbahnte. An ihrem Wein nippend beobachtete sie amüsiert die affektierte Mrs Britton. Das vornehme und überkandidelte Benehmen der Ehefrau des Doktors war einfach zu lustig! Davon musste sie ihrer Schwester Cassandra erzählen!

Janes Blick wandert zur Uhr auf dem Kamin. Eine halbe Stunde noch bis zum Frühstück. Vielleicht kann sie mit dem sehnlichst erwarteten Bericht schon mal anfangen. Sie wendet sich vom Fenster ab, durch das sie eben noch den Park und die kahlen Äste der Bäume beobachtet hat, die im Wind hin und her schwanken. Zum Glück kennt sie sich in Godmersham schon gut genug aus, um zu wissen, wo Edward Federn und Tinte aufbewahrt.

Mit Sicherheit hat Jane Austen während des Abends auf der Burg Chilham viele Inspirationen für ihre Romane gesammelt und Mrs Britton fand sich in einem ihrer späteren Werke wieder. Vielleicht hat ja Mrs Elton in „Emma" ein paar Züge von ihr? Der Wein scheint jedenfalls sein Übriges getan zu haben, dass Jane den Abend sehr amüsant fand.

Und wie das bei solch feuchtfröhlichen Zusammenkünften ist: Die Gesprächsthemen drehen sich unweigerlich um andere Personen. Wie Jane in ihrem Brief schreibt, wurde während des Dinners und auch danach eifrig getratscht – und sicher ging es dabei nicht in erster Linie um „Nettigkeiten“: Martha hat ein bisschen zugelegt, Anna bandelt mit diesem Ben Lefroy an – ob das gut geht?, Maria ist aber ganz schön alt geworden, Eliza hat neulich eine Abendgesellschaft gegeben, zu der nur zehn Gäste kamen, und haben Sie gesehen, wie Mrs Hawkes ihren Mann behandelt?

Über Menschen, die nicht anwesend sind, kann man hervorragend ablästern, unabhängig davon, ob Alkohol fließt oder nicht. Mrs Bennet war darin eine richtige Expertin – sehr zu Elizabeths Leidwesen –, aber das gibt „Stolz und Vorurteil“ auch eine gewisse Würze. Innerlich macht man sich über Mrs Bennet lustig und amüsiert sich über sie genauso wie über Jane Austens andere Romanfiguren, die überspitzt und augenzwinkernd beschrieben werden. Dafür lieben wir ihre Bücher!

Wenn man Jane Austens Romane gelesen hat, mag es nicht überraschen, dass sie ein Faible für Klatsch hatte. Ein Auszug aus dem Buch „Memoir“, in dem ihr Neffe James Edward über seine Tante schrieb, beweist es: „Mit allen Nachbarn im Dorf war sie auf entgegenkommendem, wenn auch nicht vertrautem Fuß. Sie zeigte freundliches Interesse an ihren Angelegenheiten und hörte gern von ihnen. Sie mussten oft zu ihrem Amüsement herhalten, aber es war ihr eigener Sinn für Komik, der dem Klatsch Schärfe gab.“[95]

Sicherlich bist auch du schon mal in solchen Klatsch und Tratsch involviert gewesen. Über die Schwächen anderer zu spotten, das fällt uns leider oft nicht schwer. Aber wie sieht es aus, wenn man selbst Zielscheibe solcher „Gespräche“ wird, wenn sich der Tratsch um die eigenen Fehler und Eigenheiten dreht – sei es im Charakter, im Aussehen oder im Tun? Das ist ziemlich unangenehm, wenn nicht sogar sehr schmerzhaft!

Ich glaube, dessen war sich Jane nur zu bewusst, denn in einem ihrer Gebete bekennt sie vor Gott: „Lehre uns, die Sündhaftigkeit unserer Herzen zu verstehen, und hilf uns, jedes fehlerhafte Verhalten und schlechte Angewohnheiten, mit denen wir unseren Mitmenschen Unbehagen bereitet haben, und die Gefahr für unsere Seelen zu erkennen."[96] Als ich dieses Gebet zum ersten Mal las, fiel mein Augenmerk besonders auf den Teil, in dem sie Gott bittet, ihr ein Bewusstsein dafür zu geben, wenn ihr Reden und Handeln bei anderen „Unbehagen" verursacht haben sollte (wobei „Unbehagen" in meinen Augen wahrscheinlich zu milde ausgedrückt ist).

Um solchen Verletzungen und negativen Worten entgegenzuwirken, gab Gott den Juden schon ganz früh ein „Anti-Tratsch-Gesetz" mit auf den Weg: „Verbreitet keine Verleumdungen über eure Mitmenschen" (3. Mose 19,16 GNB). Und in Sprüche 8,13 steht sogar, dass Gott lügnerisches Reden verabscheut.

Oftmals geben wir ungeprüft weiter, was uns erzählt wurde. Und so entstehen Gerüchte, die sich in den Köpfen der anderen verfestigen und weitergetragen werden. Was zu Jane Austens Zeit hauptsächlich mündlich weitergeplaudert wurde, verbreitet sich heutzutage in noch wesentlich schnellerem Ausmaß: Durch Internet und Social Media verstreut und multipliziert sich der Klatsch in Windeseile und kann nicht mehr zurückgenommen werden. Einmal im Internet – immer im Internet!

Um Getratsche entgegenzuwirken, kann uns Jane Austens Gebet zum Vorbild werden: indem wir Gott bitten, uns für solche Gesprächsentwicklungen ein Bewusstsein zu schenken. Genau das habe ich getan, als ich merkte, in Unterhaltungen mit Freunden, Nachbarn und Kollegen immer wieder in solche Klatschgeschichten oder Lästereien verwickelt zu werden. Meistens war ich darin schon involviert, bevor ich es überhaupt realisierte.

Seit ich Gott um ein Bewusstsein für solche Situationen gebeten habe und um Weisheit, wie ich damit umgehen kann, passiert Folgendes: Sobald sich Klatsch und Tratsch anbahnen, ertönt in mir eine Art innere Sirene: „Achtung, Tratsch-Alarm!“ Geht diese los, werde ich wachsam und versuche mich dem Tratschen zu entziehen. Meistens kann ich das Gespräch dann in eine andere Richtung lenken oder etwas Positives über diese Person sagen.

Dazu möchte ich auch dich von Herzen ermutigen. Und wenn du so tough bist wie eine Elizabeth Bennet, traust du dich vielleicht sogar, die anderen darauf hinzuweisen, dass das, was sie gerade tun, nicht cool ist. Doch das Mindeste, was du tun kannst, ist, dich am Tratsch nicht zu beteiligen und keine weiteren Gerüchte oder negativen Wertungen weiterzugeben. Denn kaum etwas richtet mehr Schaden an als Klatsch und Tratsch!

Wenn du selbst schon einmal Gegenstand von Tratsch geworden bist, weißt du, wie schmerzhaft das ist. Welche Situationen fallen dir ein, in denen du dich am schlechten Reden über andere beteiligt hast? Wie könntest du das nächste Mal reagieren? Bitte Gott um Hilfe.

Sprüche 18,7-8; 20,19 und 21,23;
Jakobus 3,2-12

17

Erste Liebe

Sie [Elizabeth Bennet] hatte jetzt, wo sie sich wieder zu Hause eingelebt hatte, Zeit, die wirkliche Verfassung ihrer Schwester zu beobachten. Jane war nicht glücklich. Bingley spielte in ihrem Leben immer noch eine große Rolle. Da sie noch nie verliebt gewesen war, hatte ihre Zuneigung die ganze Tiefe einer ersten Liebe, und ihr Alter und ihre Natur gaben ihr eine größere Beständigkeit, als erste Liebe sonst auszeichnet. Er stand ihr so lebhaft vor Augen, und sie zog ihn jedem anderen Mann vor, dass all ihr gesunder Menschenverstand und ihre Rücksicht auf die Empfindungen anderer nötig waren, sich nicht zu sehr in ihrer Trauer zu verlieren und dadurch ihre eigene Gesundheit und ihrer aller Ruhe zu gefährden.[97]

Elizabeth Bennets Gedanken über Jane Bennets Liebe in „Stolz und Vorurteil"

Sechs lange Wochen war Elizabeth von ihrer Schwester Jane getrennt gewesen. Sie hatte ihre beste Freundin Charlotte und deren Ehemann, Mr Collins, in Hunsford besucht. Und was hatte sich in dieser Zeit nicht alles ereignet!

Jetzt, wo Elizabeth (Lizzy) wieder zu Hause ist, brennt sie darauf, ihrer Schwester Jane von all den Ereignissen zu erzählen. Als der Tag zur Neige geht, können die beiden endlich ungestört von den drei anderen Schwestern und sicher vor den Ohren ihrer neugierigen Mutter miteinander reden. Aus Lizzy sprudelt es nur so heraus.

Ich stelle mir diesen Moment wie in der BBC-Verfilmung von 1995 vor: In Nachthemden gekleidet und mit zu Zöpfen geflochtenen Haaren liegen die beiden nebeneinander auf einem Bett mit weißen Laken. Die jungen Frauen lachen und plaudern über die Geschehnisse, die sich in Hunsford abgespielt haben, angefangen von den Besuchen bei Lady Catherine de Bourgh bis hin zu Mr Darcys Antrag, Lizzys Ablehnung und dem Brief, in dem er ihr unter anderem offenbarte, was Mr Wickham seiner Schwester Georgiana angetan hatte.

Während Elizabeth erzählt und ihre Schwester an den passenden Stellen lacht, spürt sie, dass Jane nicht mit dem Herzen dabei ist. Etwas liegt ihr auf der Seele und es ist wLizzy sofort klar, dass es der Liebeskummer um Mr Bingley ist, der sie niederdrückt – auch wenn Jane das nicht zugibt. Warum hatte er auch vor einigen Wochen so übereilt aufbrechen müssen, die ländliche Gesellschaft und die vielen Bälle hinter sich gelassen? Dabei schienen er und Jane einander sehr zugetan zu sein. Auch die Hoffnung, Mr Bingley in London während eines mehrwöchigen Besuchs bei Verwandten zu begegnen, hatte sich nicht erfüllt …

Liebeskummer, insbesondere den ersten, und die erste große Liebe vergisst man nie. Ich weiß noch, wie das bei mir war. Das erste Mal heftiges Herzklopfen, als ich meinen Schwarm sah, Schmetterlinge tanzten wie verrückt in meinem Bauch – vor allem, wenn meine Flamme in meine Richtung sah. Leider – oder Gott sei Dank – mündet nicht jede Schwärmerei in eine Hochzeit. Es war für mich damals natürlich herzzerreißend, dass es nicht so kam, aber aus heutiger Sicht bin ich froh und dankbar, denn ich hätte sonst meinen Ehemann Daniel nicht geheiratet. Trotzdem musste ich, bevor ich ihn kennenlernte, durch so manches Tränental, mein in tausend Teile zerbrochenes Herz wieder aufsammeln und meine Gedanken, die sich fortwährend um meinen Schwarm gedreht hatten, wieder in andere Bahnen lenken.

Daher kann ich mich gut in Jane Bennet einfühlen. Ich leide richtig mit ihr mit, denn dieses Gefühl des Liebeskummers hat sich regelrecht in mein Gehirn gebrannt. Und Jane hat ja nicht nur mit einem gebrochenen Herzen zu kämpfen, sondern auch damit, ihre Mutter enttäuscht zu haben. Mrs Bennet war in Gedanken schon dabei gewesen, die Festlichkeiten zu planen, kaum dass sich zwischen Jane und Mr Bingley etwas angebahnt hatte. „Drei bis vier Monate – das musste genügen, um eine Hochzeit vorzubereiten“[98], lesen wir in „Stolz und Vorurteil“. Je schneller unter der Haube, desto besser! Aber daraus wird erst mal nichts und insgeheim fragt sich Jane sicherlich, wie es nun für sie weitergehen soll.

Die erste große Liebe wird oft mit den Empfindungen verglichen, die man hat, wenn man noch neu im Glauben ist. Wenn man seine ersten Schritte gemeinsam mit Gott geht, sein Wirken und vielleicht sogar Wunder erlebt, verspüren viele eine unbeschreibliche Euphorie. Erinnerst du dich noch, was du da gedacht und gefühlt hast?

Falls du das schon erleben durftest, möchte ich dich dazu

ermutigen, dich an diese erste Zeit mit Gott zu erinnern. An dein erstes wichtiges Erlebnis mit ihm, das dich geprägt und dir ein unglaubliches Gefühl von Leichtigkeit und Freiheit geschenkt hat. Obwohl ich christlich erzogen wurde und kein einschneidendes Bekehrungserlebnis hatte, kann ich mich dennoch an meine ersten bewussten Erfahrungen mit Gott erinnern. Als ich spürte: Er ist da und hört mein Gebet. Eine große innere Freude blubberte in mir und ließ mich regelrecht auf Wolken schweben.

Um die erste Liebe geht es auch in Offenbarung 2,5. Gott bittet darin die Gemeinde in Ephesus: „Erkenne doch, wie weit du dich von deiner ersten Liebe entfernt hast! Kehre wieder zu mir zurück und bemühe dich so, wie du es am Anfang getan hast“ (NLB).

Ein paar Verse zuvor hatte die Gemeinde noch viel Lob geerntet: Sie diente Gott unermüdlich und ausdauernd, entlarvte Lügner und ließ sich von Schwierigkeiten nicht entmutigen. Also alles bestens? Trotz allen vorbildlichen Handelns scheint es, als würde Gott das Haar in der Suppe suchen: „Bemühe dich so, wie du es am Anfang getan hast“, sagt er.

Am liebsten würde ich ihm entgegenhalten: In langjährigen Beziehungen kann es schon mal passieren, dass sich Routine einschleicht und sich das Liebesgefühl ändert. Man kann doch nicht ewig auf Wolke sieben schweben, vor allem wenn der Alltag einkehrt! Da gibt es einfach zu vieles, was einen in Atem hält, Herausforderungen, Streitigkeiten, Missverständnisse. Zumindest kenne ich das aus meiner Ehe.

Und genauso ist es mit unserer Beziehung zu Gott. Da kommt auch immer wieder etwas dazwischen, was uns die Motivation rauben, Zweifel säen, von Gott ablenken und das Miteinander mit ihm stören will.

Aber Gott wünscht sich eine lebendige, liebevolle Beziehung zu uns Menschen. Mit diesem Vers möchte er uns aufwecken, dass wir um die Beziehung zu ihm kämpfen sollen. Gerade dann, wenn der Alltag und die Routine eingekehrt sind.

So erging es auch der Gemeinde in Ephesus. Mit seinem Ausruf „Eure Liebe ist nicht mehr so wie am Anfang“ (Offenbarung 2,4 GNB) möchte Jesus sie wachrütteln, denn wie es aussieht, hatte sie den Fokus so sehr darauf gerichtet, alles richtig zu machen, dass sie das Wesentliche dabei aus den Augen verlor. Gott brennt es auf der Seele, dass wir in einer herzlichen Verbindung mit ihm leben, statt dauernd zu versuchen, alles richtig zu machen.

Wie sieht es mit deinen „Verliebtheitsgefühlen“ für Gott jetzt aus? Sprühst du immer noch vor Freude, schwebst auf Wolken, kannst gar nicht aufhören, mit großer Begeisterung von deinem „Schwarm“ zu erzählen, und steckst voller Tatendrang? Ich muss gestehen, dass das bei mir wie bei der Gemeinde in Ephesus immer wieder in Vergessenheit gerät und dem Alltag zum Opfer fällt.

Lass uns doch dieses erste Verliebtheitsgefühl wieder hervorholen, in Erinnerungen schwelgen und die Beziehung zu Gott neu beleben. Du wirst staunen, wie sich die Wiederentdeckung der ersten Liebe in deinem Alltag auswirken wird!

Schreibe die Gefühle deiner ersten Liebe zu Gott auf oder noch besser: Mach es wie Mrs Weston in „Emma“, die im Beisein von Freunden über die erste Liebe ins Schwelgen gerät.[99] Gemeinsam schwelgt es sich am besten!

Matthäus 22,34-40

Wenn ich
mich verliebe,
wird es
für immer sein.

Jane Austen,
„Verstand und Gefühl“

18

Pflicht

Nun brachte jeder Vormittag seine regelmäßigen Pflichten: Einkäufe mussten gemacht, Sehenswürdigkeiten der Stadt besichtigt und die Brunnenhalle besucht werden, wo sie eine Stunde auf und ab spazierten, alle beobachteten und mit keinem sprachen. Einen großen Bekanntenkreis in Bath zu haben, war noch immer Mrs Allens sehnlichster Wunsch, und sie wiederholte ihn, nachdem jeder neue Vormittag den erneuten Beweis gebracht hatte, dass sie keine Menschenseele kannte. Dann statteten sie den Unteren Gesellschaftsräumen den ersten Besuch ab, und hier war das Schicksal unserer Heldin gnädiger.[100]

Catherine Morland und Mrs Allen in „Northanger Abbey"

Catherine Morland, Tochter eines Landpfarrers, befindet sich gerade im beliebten Kurort Bath, wo man gerne das eine oder andere Zipperlein kurieren ließ.[101] Liebenswürdigerweise durfte sie ihre Nachbarn, den gichtgeplagten

Mr Allen und seine gutmütige Gattin, dorthin begleiten, natürlich nicht ohne die Hoffnung, einem geeigneten Heiratskandidaten zu begegnen.

Schon vom ersten Tag an gilt für die beiden Damen, sich am gesellschaftlichen Leben zu beteiligen: Sehen und gesehen werden ist die Devise. Einer der Dreh- und Angelpunkte Baths war damals die menschenüberlaufene, große und elegante Brunnenhalle mit großen, von Säulen eingefassten Bogenfenstern und einem Holzboden, der bestimmt leise knarzte, wenn man darüberschritt.

Zu der Zeit, als Jane Austen „Northanger Abbey“ schrieb, nutzte man die Halle tagsüber zum Promenieren, also dem Flanieren innerhalb der Halle. Begleitet von Orchestermusik trank man 46 Grad warmes Heilwasser und trug sich in ein dickes Gästebuch ein, das auf einem riesigen Tisch auslag. So hatte man immer den Überblick, wer sich gerade in Bath und in der Brunnenhalle befand (und welches Leiden ihn plagte, denn das notierte man dort ebenfalls). Vielleicht alte Bekannte? Oder ein umschwärmter Junggeselle?

Ähnlich verhielt es sich mit Spaziergängen in den vielen Parks mit gepflegtem, englischem Rasen und Kieswegen. Hatte man genug gesehen, hatte man auch genügend Gesprächsstoff, um sich auf einem der abendlichen Bälle mit anderen auszutauschen.

Das Promenieren in der Brunnenhalle, das Spazierengehen in den Parks oder auch das Teetrinken in Begleitung eines Mannes während eines abendlichen Balls sind einige Beispiele dafür, welche gesellschaftlichen Verpflichtungen es zurzeit von Jane Austen gab. Sie gehörten zum guten Ton und wurden auch „Etikette“ genannt.

Catherine allerdings genießt ihre Zeit in Bath trotz all dieser gesellschaftlicher Must-dos und darum beneide ich sie. Sie kann die Verpflichtungen einfach ausblenden und hat

Spaß beim Shoppen und bei den Treffen mit ihrer neuen Freundin Isabel Thorpe. Die Aussicht auf ein unerwartetes Wiedersehen mit dem charmanten jungen Pfarrer, Mr Tilney, den sie auf ihrem ersten Ball in Bath getroffen hat, tut ihr Übriges. Für Catherine, die aus einem kleinen Dörfchen stammt, ist der mondäne Kurort das reinste Abenteuer.

Ich weiß nicht, wie es dir geht, aber für mich hat das Wort „Pflicht" einen unangenehmen Geschmack. Es gibt eben auch heute noch viele Pflichten, die unser Leben bestimmen (wenn es auch deutlich andere sind als damals), und mir will keine einzige Pflicht einfallen, die ich als „angenehm" bezeichnen würde. Pflichten sind lästig, nerven und können einen ziemlichen Druck ausüben. Wenn die Pflicht ruft, muss etwas erledigt werden, am besten so schnell wie möglich.

Jane Austen muss die Last, die solche Pflichten mit sich bringen, ebenfalls verspürt haben, denn in einem ihrer Gebete heißt es: „... haben wir eine bekannte Pflicht vernachlässigt? Neige uns dazu, unseren Herzen diese Frage zu stellen."[102]

Bei all den Pflichten, die wir tagtäglich ausüben, finde ich es ziemlich schwierig, den Überblick zu behalten. Abends, wenn ich meine Kinder ins Bett bringe und meine Routine abspule, fällt mir das ganz besonders auf. Jedes Mal überkommt mich das Gefühl, etwas vergessen zu haben.

Sobald ich dann im Bett liege, fällt mir ein, was gefehlt hat: meine Zeit mit Gott. In all dem Trubel des Tages habe ich nur selten daran gedacht, ein Gebet gen Himmel zu schicken. In der Bibel habe ich auch nicht gelesen. Und im Gottesdienst war ich am Sonntag auch nicht, weil die Woche so anstrengend war. Oje. „Du bist eine schlechte Christin", flüstert mir dann ein Stimmchen ins Ohr. „Du hast deine religiösen Pflichten nicht wahrgenommen."

Genauso ging es den Juden. Sie lebten (und leben teilweise auch heute noch) nach zig Verhaltensregeln und Geboten, die Mose im Alten Testament von Gott erhalten hat. Sie regelten das Zusammenleben (was auch nötig war), genauso ordneten sie an, wann und wie der Glaube ausgeübt werden sollte. Es muss ein ziemlicher Balanceakt gewesen sein, diese vielen Hundert Regeln einzuhalten – und stell dir mal vor, welchen Druck das ausübt, denn wie schnell verstößt man gegen eins davon!

Paulus, der als Apostel die befreiende Gute Nachricht verkündete, schrieb im Neuen Testament über die Juden und deren pflichterfüllten Glauben: „Sie begreifen nicht, dass Gott selbst eingegriffen hat, damit Menschen vor ihm als gerecht bestehen können. Deshalb suchen sie durch eigene Anstrengungen Gerechtigkeit zu erringen, anstatt sich Gott zu unterwerfen, der in seiner Gerechtigkeit, nämlich seiner Heil schaffenden Treue, für sie gehandelt hat. Denn seit Christus ist das Gesetz nicht mehr der Weg zum Heil. Vielmehr gilt jetzt: Alle, die im Glauben auf Christus vertrauen, werden vor dem Gericht Gottes als gerecht anerkannt werden“ (Römer 10,3+4 GNB).

Das bedeutet: Bei Jesu Tod hat Gott eine ziemlich krasse „Gesetzesreform“ eingeleitet. Er wollte wegkommen von einer Frömmigkeit, die sich nur an Gesetzen und religiösen Pflichten entlanghangelt. Durch Jesu Rettungstat ist der Glaube aus Pflicht heraus Schnee von gestern. Oder von vorvorgestern. Präziser gesagt ist er seit mehr als 2000 Jahren Geschichte.

Für uns gilt: Nicht das Einhalten der Gebote schenkt uns Freiheit, sondern schlicht und einfach der Glaube an Jesus. Wir dürfen ohne diesen Druck leben, Gesetze zu befolgen und verschiedene Aufgaben aus einem Pflichtgefühl heraus zu erledigen. Gott schenkt uns „Luft und Freiheit“[103], etwas, das Fanny Price, Edmund Bertram und die anderen Besucher nach der Besichtigung der dunklen Kapelle von Sotherton im Roman „Mansfield Park“ sehr begrüßen.

Lass uns aus den Glaubensverpflichtungen, die unsere Beziehung zu Gott eingeengt haben, heraustreten. Raus in die Sonne und Gottes erfrischende Liebe. Lass uns doch das schlechte Gewissen mit einem Gebet bezwingen:

Himmlischer Vater,
wie oft hat mich in letzter Zeit das Gefühl begleitet, ich hätte nicht genug in der Bibel gelesen, nicht genug gebetet, mich nicht genug für dich eingesetzt. Ständig schwirrt mir durch den Kopf, dass mich das zu einer schlechten Christin macht. Aber damit soll jetzt Schluss sein! Ich möchte meinen Glauben in dem Wissen leben, dass ich nichts leisten muss. Ich gebe dir mein schlechtes Gewissen und den Druck, der auf mir lastet. Schenke mir die innere Freiheit, die ich so dringend brauche. Danke, dass der Glaube an dich reicht, dass ich dir nichts beweisen muss. Danke, dass du eine echte Beziehung mit mir führen möchtest und immer weißt, wie es mir gerade geht – egal, wie oft ich bete! Amen.

Wie fühlst du dich bei dem Gedanken, dass Gott dich liebt, auch wenn du es gerade nicht schaffst, in der Bibel zu lesen oder zu beten?

Römer 10,1-13

19

Anerkennung

„Ach, Anne, es geht mir so schlecht! Es war gar nicht nett von dir, dass du am Donnerstag nicht gekommen bist." „Meine liebe Mary, vergiss nicht, du hast mir nur Positives geschrieben und gesagt, es ginge dir ausgezeichnet und ich brauchte mich nicht zu beeilen; [dagegen] hatte ich so viel zu tun, dass ich Kellynch nicht gut früher hätte verlassen können." „Du liebe Güte, was kannst du denn schon zu tun haben!" „Eine ganze Menge, das kannst du mir glauben. ... Ich habe eine Abschrift des Katalogs von Vaters Büchern und Bildern gemacht. Ich bin mehrmals mit Mackenzie im Garten gewesen, um zu begreifen und ihm begreiflich zu machen, welche von Elizabeths Blumen für Lady Russell sind. Ich musste alle meine eigenen kleinen Angelegenheiten ordnen – Bücher und Noten aussortieren und alle meine Kisten umpacken, weil ich nicht rechtzeitig begriffen hatte, was auf den Wagen mitgehen sollte; ... alle diese Dinge haben mich sehr viel Zeit gekostet."[104]

Mary in einem Gespräch mit Anne in „Überredung"

Anne hat sich richtig abgerackert! Weil ihr Vater Sir Elliot sich sein Anwesen Kellynch Hall aufgrund fehlender Sparsamkeit nicht mehr leisten kann, vermietet er es – allerdings eher widerwillig. Anne ist nun diejenige, die alles in die Hand nehmen muss – begutachten, sortieren, packen –, damit sie das Herrenhaus an seine künftigen Mieter übergeben kann. Eigentlich wäre es Aufgabe ihres Vaters gewesen, sich um die Übergabe zu kümmern; doch der drückt sich gekonnt davor, indem er schon mal nach Bath reist und eine neue Bleibe sucht – Annes Meinung dazu ist ihm nicht wichtig.

Just in diese turbulente, ja wahrscheinlich sogar richtig stressige Situation hinein platzt der Brief ihrer verheirateten Schwester Mary. Darin fordert sie Anne auf, sich um sie zu kümmern, weil es ihr ja „so schlecht" geht. Pflichtbewusst macht sich Anne auf den Weg und trifft total abgekämpft im Uppercross Cottage ein. Doch anstelle eines liebenswürdigen Empfangs bekommt sie erst einmal Vorhaltungen von ihrer Schwester zu hören (der es im Grunde gar nicht mehr so schlecht geht), warum Anne nicht eher zu ihr gefunden habe; schließlich habe sie ja nichts zu tun ...

Wie würdest du in diesem Moment reagieren? Ich kann dir sagen, wie *ich* reagiert hätte: verärgert! Ich wäre an die Decke gegangen und hätte meinen ganzen Frust rausgelassen über diese Ungerechtigkeit. Das Schlimmste an der ganzen Situation ist, finde ich, die fehlende Anerkennung. Kein Dank, kein Lob, es wird nicht mal freundlich darum gebeten, etwas zu erledigen – nein, stattdessen geht die ganze Familie davon aus, dass Anne das alles schon regeln wird. Keiner *sieht* wirklich, was Anne leistet. Dass sie sich abmüht, still und leise, und ohne zu murren ihr Bestes gibt.

Mangelnde Anerkennung ihr bzw. einem geliebten Menschen gegenüber – damit hat Anne in ihrer Vergangenheit bereits auf traurige Weise Bekanntschaft gemacht. Sie musste die Verlobung mit Kapitän Wentworth lösen, denn ihm fehlte es in den Augen ihrer Familie an Reichtum und Status. Kurze Zeit später gelang es ihm jedoch, sich hervorzutun und befördert zu werden. Eine gewisse Verbitterung und Enttäuschung waren bei seinen ehrgeizigen Bestrebungen sicher treibende Kraft. Doch Anne zurückzugewinnen, blieb erst einmal ein unerfüllter Traum, da sich ihre Wege für acht Jahre trennten.

Bestimmt kennst du auch dieses Gefühl, nicht gesehen zu werden, keine Anerkennung für das zu bekommen, was du leistest. Bei der Arbeit erkennt keiner, wie viel Herzblut du in deine Projekte steckst, wie du immer dein Bestes gibst und ohne Seufzen und Murren deine Aufgaben erledigst. Vielleicht arbeitest du still und leise auf eine Beförderung hin und zum Dank bekommt dein Kollege die anvisierte Stelle.

Mamas räumen ständig auf, bewältigen Berge von Geschirr und Wäsche, sorgen dafür, dass etwas Essbares auf den Tisch kommt, Tränen getrocknet und Hausaufgaben gemacht werden (und vieles mehr). Auch Pflegekräfte, Mitarbeiter der Müllabfuhr, Pastoren und zahlreiche andere Berufsgruppen kämpfen häufig mit fehlender Anerkennung, genauso wie viele Ehrenamtliche. Es wird als selbstverständlich angesehen, dass sie ihre Arbeit machen. Wie viel Mühe hinter dieser Arbeit steckt, sehen viele nicht.

Vielleicht geht es dir gerade genauso: Du fühlst dich übersehen, nicht wertgeschätzt, nicht beachtet. Müde und enttäuscht grummelst du in dich hinein und haderst mit der Situation, bist kurz davor, alles hinzuschmeißen. Dann lass dich durch die beiden Bibelverse aus Kolosser 3,23+24 ermutigen: „Worin auch immer eure Arbeit besteht – tut sie mit ganzer Hingabe, denn letztlich dient ihr nicht Menschen, sondern dem Herrn. Ihr könnt sicher sein, dass ihr von ihm einen Lohn bekommt – das Erbe, das er im Himmel für euch bereithält."

Ich finde es richtig beruhigend, dass der Bibelvers offenlässt, welche Art der Tätigkeit ausgeübt wird. Egal, ob du Toiletten schrubbst, versuchst, das Haushaltschaos in den Griff zu kriegen, dich um Alte und Gebrechliche kümmerst, dich mit Excel-Tabellen rumschlägst, Mülltonnen leerst oder ein erfolgreiches Unternehmen leitest: Gott sieht dich und weiß deinen Dienst zu schätzen! Du arbeitest nicht für das Lob von Menschen, sondern für den Lohn, den du eines Tages von ihm bekommen wirst: das Leben in der Ewigkeit, in seiner Gegenwart. Das ist zwar ein Lohn, auf den wir noch ein Weilchen warten müssen, aber der größte Lohn überhaupt! Das soll unser Ziel und unsere Ausrichtung sein.

Wenn es uns gelingt, mehr auf dieses Ziel zu schauen und weniger auf das Lob und die Anerkennung von Menschen zu hoffen, kann das sehr befreiend sein. Eins ist dabei gewiss: Gott sieht und wertschätzt unsere Bemühungen.

Dennoch ist es natürlich wichtig, einander anzuerkennen und zu loben. Das hätte sich Mary mal zu Herzen nehmen sollen. Auch wir halten es leider oft wie Annes Schwester und verzichten auf gegenseitige Wertschätzung nach dem schwäbischen Sprichwort: „Nix gschwätzt, isch gnuag globt." Selbst nachdem Anne Mary aufführt, was sie in den vergangenen Wochen erledigt hat – und das ist wirklich nicht wenig! – , kommt als Antwort nur Schweigen. Wie traurig!

Deshalb lass uns heute mit sehenden Augen durch den Alltag gehen und unsere Mitmenschen loben – vielleicht für alltägliche Dinge, die wir bisher einfach hingenommen haben. Zeigen wir ihnen Wertschätzung, wie Miss Bates es Emma gegenüber im gleichnamigen Roman tut: „Miss Woodhouses Lob macht uns immer ganz besondere Freude."[105]

Du wirst staunen: Die Freude der anderen über dein Lob wirkt sich auch auf dich aus – es sei denn, sie sind wie Mr Darcy, der Anerkennung völlig ungerührt entgegennimmt …

Lass am Abend den Tag Revue passieren: Wen hast du loben können und wie fiel die Reaktion darauf aus? Vergiss nicht, dass auch Gott sich über deinen Dank und dein Lob freut.

Psalm 145,3+14

20

Gottes Schutz

Ich muss nun einen Umstand erwähnen, den ich gerne selbst vergessen und den ich keiner Menschenseele anvertrauen würde, wenn meine Rechtfertigung Ihnen gegenüber mich nicht dazu zwänge. … [Mr Wickham] schmeichelte … sich bei Georgiana, die ihm aus ihrer gemeinsamen Kinderzeit eine große Anhänglichkeit bewahrt hatte, so ein, dass sie sich einredete, in ihn verliebt zu sein, und zustimmte, mit ihm davonzulaufen. Sie war damals erst fünfzehn Jahre alt … [Sein] Ziel war ohne Frage das Vermögen meiner Schwester, das 30 000 Pfund beträgt. Aber ich werde den Gedanken nicht los, dass die Rache an mir ein starkes Motiv für sein Verhalten war. … Gott schütze Sie.[106]

Mr Darcy in einem Brief an Elizabeth Bennet in „Stolz und Vorurteil"

„Gott schütze Sie." – *So etwas hat Mr Darcy geschrieben? Wirklich?,* fragst du dich womöglich – genau wie ich, als mir dieser Satz zum ersten Mal auffiel. Und Mr Darcy verwendet die Worte auch noch in einem sehr romantischen Kontext, nämlich in einem Brief, der in „Stolz und Vorurteil" eine Wende herbeiführt.

Der Brief ist an Elizabeth Bennet gerichtet, der Mr Darcy am Tag zuvor einen Heiratsantrag gemacht hat. Weil es so viele Missverständnisse zwischen den beiden gab, lehnte Elizabeth den Antrag rundheraus ab. Doch anstatt sich verletzt abzuwenden, beschließt Mr Darcy, seiner Angebeteten einen Brief zu schreiben. Er muss einen wichtigen Grund dafür haben. So wichtig, dass er seinen Stolz überwindet und Elizabeth am Ende sogar unter Gottes Schutz stellt.

Jetzt muss der Brief seine Adressatin nur noch erreichen. Inzwischen kennt Darcy Elizabeth so gut, dass er ahnt, dass die temperamentvolle junge Frau nach den Ereignissen der vergangenen Tage ihren Gedanken Luft verschaffen muss – im wahrsten Sinne des Wortes. Und weil Mr Darcy weiß, dass ihr Lieblingsspaziergang sie oft in einen bestimmten Park führt, wartet er dort auf sie.

„Ich gehe in der Hoffnung, Ihnen zu begegnen, schon eine ganze Weile auf und ab", begrüßt er Elizabeth, als sie tatsächlich im Park erscheint. „Wollen Sie mir die Ehre erweisen, diesen Brief zu lesen?"[107], fragt er dann und überreicht ihr seine Zeilen.

Darin erklärt er Elizabeth sein Verhalten gegenüber ihr und ihrer Familie. Vor allem aber geht es in diesem Brief um Mr Wickham, über den Darcy mehr weiß als alle anderen: Der fesche und von der Familie Bennet umschwärmte Offizier Wickham hat in der Vergangenheit ein Mädchen in eine Situation gebracht, die seinem Ruf erheblich geschadet hat. Und bei diesem Mädchen handelt es sich ausgerechnet um Darcys Schwester Georgiana!

Mr Wickham hat bewiesen, dass er sich nicht verändert hat, und könnte nun auch Elizabeth und ihrem Ruf schaden. Indem der sonst so unnahbare Darcy einen „schwarzen Tag" in der eigenen Familiengeschichte offenbart, zeigt er, wie viel ihm Elizabeth bedeutet und wie besorgt er um sie und ihre Sicherheit ist. Sein Wunsch „Gott schütze Sie“ verleiht seinen Worten noch einmal Nachdruck. Worte, die in Elizabeth nachwirken.

Sich und andere unter Gottes Schutz zu stellen, hat mehr Auswirkung, als wir uns manchmal bewusst sind. Wir lassen uns zwar gerne segnen, aber Gott konkret um Schutz zu bitten, gerät häufig in Vergessenheit, wie ich bei mir beobachtet habe. Ist das bei dir auch so?

Von Jane Austen wissen wir, dass ihr das ziemlich wichtig war, denn sie schloss diejenigen, „die zu Lande oder zu Wasser reisen“[108], in ihre Gebete mit ein. Sicher dachte sie dabei an ihre beiden jüngsten Brüder Francis William und Charles John, die bereits mit zwölf Jahren zur Marine gingen und in weit entfernte Länder wie Indien segelten und nicht nur in Unwetter, sondern auch in Schlachten geraten konnten.

Mit der Kutsche zu reisen war damals aber auch nicht gerade ungefährlich. Wenn der Weg holprig und matschig war, konnte die Kutsche vom Weg abkommen, im Schlamm stecken bleiben oder ein Rad konnte brechen. Manchmal erschraken die Pferde und gingen durch, was die Kutsche zum Stürzen brachte. Mit einem solchen Kutschunfall beginnt auch der durch Jane Austens Tod unvollendet gebliebene Roman „Sanditon“, wobei die Reisenden, Mr und Mrs Parker, mit einem Schock und Quetschungen davonkommen.

Ob Jane Austen eine solche Katastrophe selbst widerfuhr, wissen wir nicht; doch in einem ihrer Briefe erzählte sie ihrer Schwester von einem Ereignis, das für sie beinahe in einer Katastrophe geendet hätte: Ihr Schreibpult ging fast verloren, als sie sich mit ihren Eltern auf dem Weg von Godmersham, wo sie Janes Bruder Edward besucht hatten, nach Steventon befand. Janes Schreibpult war versehentlich auf die falsche Postkutsche geladen worden. Hätte es nicht ein beherzter Reiter zurückgeholt, wäre es wahrscheinlich auf den Westindischen Inseln gelandet.[109]

Ihr Schreibpult war Jane heilig. Aber nicht nur das: Es enthielt sieben Pfund – all ihre „irdische Habe“[110]. Anfang des 20. Jahrhunderts fand man darin das Manuskript des unvollendeten Romans „Die Watsons“. Vielleicht lag also auch während der turbulenten Reise ein Manuskript darin? Ich kann mir jedenfalls vorstellen, dass Jane Austen ein erleichtertes Stoßgebet gen Himmel geschickt hat, als sie ihr geliebtes Pult zurückbekam. Gott sei Dank ging alles gut aus!

Dass eine Reise gut verläuft, ist alles andere als selbstverständlich, auch wenn wir heutzutage in der Regel unbeschadet ankommen. Das Schlimmste, was uns erwartet, sind Stau und Verspätung. Uns würde garantiert nicht einfallen, wie der Priester Esra zu sagen: „Und die Hand unseres Gottes war über uns, und er errettete uns vor Feinden und Wegelagerern“ (Esra 8,31 LUT).

Glücklicherweise müssen wir uns heutzutage in der Regel keine Sorgen um Wegelagerer machen. Zu Esras Zeit gab es sie allerdings. Deshalb bot ihm König Ataxerxes freundlicherweise seinen Geleitschutz für seine Reise von Babylon, wo er im Exil gelebt hatte, nach Israel an. Den lehnte Esra jedoch aus Scham ab. Er hatte dem König im Vorfeld nämlich verkündet: „Die Hand unseres Gottes ist zum Besten über allen, die ihn suchen, und seine Stärke und sein Zorn gegen alle, die ihn verlassen“ (Vers 22).

Hätte Esra den Schutz des Königs für seine Reise von Medo-Persien nach Jerusalem angenommen, hätte er sich selbst widersprochen. Stattdessen betete und fastete er gemeinsam mit seiner kleinen Reisegruppe. Tatsächlich erhörte Gott ihre Gebete und ließ sie wohlbehalten ihr Ziel erreichen. Das war zugleich eine Botschaft an den König:

„Sieh her, unser Gott hat uns bewahrt. Er ist stärker und mächtiger als jede Verteidigungstruppe!“

Unsere Gebete um Gottes Schutz haben definitiv Auswirkungen. Er beschützt uns aber nicht nur, wenn wir unterwegs sind. Unser dreieiniger Gott ist so mächtig, dass er uns in vielen anderen Bereichen, ja sogar vor seinem Gegenspieler Satan bewahren kann. Wir vergessen allzu gern, dass dieser in der unsichtbaren Welt darum kämpft, Gottes Einfluss zu schmälern. Deshalb ist es wichtig, dass wir uns auch in diesem Bereich unter Gottes Schutz stellen, damit unser Glaube nicht von Satan angegriffen und klein gemacht wird.

„Gott schütze Dich“ – mit der Grußformel, die Mr Darcy nutzte, beendete auch Jane Austen manchen Brief. Sie umschloss damit alle Lebensbereiche, und obwohl wir heutzutage in viel sichereren Umständen leben, brauchen wir nach wie vor Gottes Bewahrung. Dass wir gesund sind, heil an unserem Ziel ankommen und unseren Glauben uneingeschränkt ausleben dürfen, ist keine Selbstverständlichkeit.

Wann hast du zuletzt Gottes Bewahrung erlebt? Wovor hat er dich bewahrt und hast du ihn zuvor um seinen Schutz gebeten?

Über Esras spannende Reise kannst du in Esra 8,15-33 nachlesen.

21

Vorurteil

> *Elizabeth schämte sich in Grund und Boden. Weder an Darcy noch an Wickham konnte sie denken, ohne zu empfinden, wie blind, ungerecht, voreingenommen und verbohrt sie gewesen war. „Wie beschämend habe ich mich aufgeführt!", rief sie, „ich, die ich mir so viel auf mein Urteilsvermögen zugutegehalten habe! … Wäre ich verliebt gewesen, ich hätte nicht ungeschickter und blinder sein können. Aber Eitelkeit, nicht Liebe ist meine Schwäche. Angetan von den Aufmerksamkeiten des einen und abgestoßen von der Nichtachtung des anderen habe ich mich … zu Vorurteil und Verblendung hinreißen und zu Fehlurteilen über beide verleiten lassen."[111]*
>
> *Elizabeth Bennet in „Stolz und Vorurteil"*

Elizabeth Bennet hat gerade den Brief von Mr Darcy gelesen, in dem er ihr erklärt, warum er so eine starke Abneigung gegen Mr Wickham hat. Durch diesen Brief erfährt Elizabeth, dass Darcys stolzes und arrogantes Verhalten einen Grund hatte. Und mit einem Mal kann sie seinen Zorn gegenüber

Mr Wickham nicht nur nachvollziehen – sie hat sogar Verständnis dafür. Dass sie sich von Mr Wickhams Aufmerksamkeit und Charme ebenso hat fehlleiten lassen wie von Mr Darcys Distanziertheit, diese Erkenntnis ist für sie eine bittere Pille.

Nur eine Zehntelsekunde braucht unser Gehirn, um sich ein Urteil zu bilden, sagt ein Artikel der „Welt"[112]. Als Elizabeth Bennet Mr Darcy auf einem Ball in Meryton zum ersten Mal erblickt, ist ihre Meinung ebenfalls in Sekundenschnelle in Stein gemeißelt. „Schon im ersten Augenblick unserer Bekanntschaft hat Ihr Verhalten den Grad Ihrer Überheblichkeit, Anmaßung und selbstsüchtigen Verachtung der Gefühle anderer bewiesen. Das bildete den Grundstein für meine Abneigung, und die folgenden Ereignisse verstärkten meinen Widerwillen"[113], schmettert sie ihm nach seinem Heiratsantrag entgegen. Spätestens bei seiner Ablehnung, mit Elizabeth zu tanzen, weil sie „erträglich, aber nicht hübsch genug" und er nicht in der Stimmung sei, sich „junger Damen anzunehmen"[114], war der Zug abgefahren. Das nenne ich mal einen gründlich missratenen ersten Eindruck – auf beiden Seiten.

Der erste Eindruck zählt, aber leider können wir ihn nur teilweise beeinflussen. Meistens wird er von den Erfahrungen des Gegenübers mitbestimmt. Aufgrund bestimmter Erfahrungen hat wohl auch ein Kunde gehandelt, als er mir als frisch gebackener Buchhändlerin Kompetenz für sein Anliegen absprach. Ich hatte gerade meine Buchhändlerlehre abgeschlossen und stand mit meinem Kollegen zusammen am Computer, als der Kunde auf uns zukam. Sein Blick erfasste uns und in wenigen Sekunden fällte er eine Entscheidung: „Sie sind noch zu jung, um sich mit dem auszukennen, was ich wissen möchte", sagte er in meine Richtung und wandte sich meinem älteren Kollegen zu.

Ich war total perplex und ehrlich gesagt auch verärgert. Nach wenigen Minuten musste ich meinem Kollegen allerdings zu Hilfe eilen, weil er sich – entgegen der Einschätzung des Kunden – nicht so gut mit dem betreffenden Thema auskannte. Ich amüsierte mich köstlich (natürlich ohne es zu zeigen), als ich dem Kunden das gewünschte Buch nach kurzer Beratung überreichte. (Übrigens bekam ich kurz darauf eine Brille und wurde nie mehr als „zu jung" oder inkompetent erachtet. Was eine Brille alles bewirken kann ...)

„Zu jung" war scheinbar auch Timotheus, der Gehilfe des Apostels Paulus. Er begleitete den Apostel anfangs auf seiner Missionsreise und reiste später alleine nach Ephesus, wo er in der Gemeinde als Leiter eingesetzt wurde. Timotheus kämpfte allem Anschein nach gegen das Vorurteil der Gemeinde an, für das Amt des Gemeindeleiters noch zu jung zu sein, denn im 1. Brief an Timotheus schreibt Paulus: „Niemand hat das Recht, auf dich herabzusehen, nur weil du noch jung bist" (4,12). (Vielleicht hätte Timotheus eine Brille geholfen?)

Es war sicher nicht leicht für „Tim", sich gegenüber den vorschnell urteilenden Gemeindemitgliedern zu beweisen. Aber dabei bleibt es nicht. Paulus macht ihm klar, dass er eine Vorbildfunktion, eine besondere Verantwortung hat. In seiner Aufgabe als Leiter soll er bei Fehlverhalten der Gemeindemitglieder „ohne jedes Vorurteil und unparteiisch handeln" (1. Timotheus 5,21 Hfa). Niemand ist gegen Vorurteile immun – auch Gemeindeleiter nicht.

Wie schön wäre es doch, wenn wir unseren Mitmenschen vorurteilsfrei begegnen könnten! So könnte eine Offenheit entstehen, in der jeder willkommen und angenommen ist, wie er ist. Nur weil man gerade in Gedanken versunken ist und dadurch ein wenig verkniffen aussieht, ist man noch lange kein verschlossener und griesgrämiger Mensch. Und nur weil man „zu jung“ (oder zu alt) ist, ist man noch lange nicht inkompetent.

Hat also der oben erwähnte Artikel recht, der schon in der Überschrift behauptet: „Der erste Eindruck bleibt – weil er stimmt“? Stimmt er wirklich und kann er auch nicht korrigiert werden? Elizabeth würde das verneinen. „Alles Frühere muss vergessen werden“[115], sagt sie am Ende zu ihrer Schwester Jane im Hinblick auf Mr Darcys stolzes und arrogantes Verhalten. Nachdem sie einen Blick hinter die Kulissen werfen und die wahren Beweggründe für sein Verhalten erkennen konnte, muss sie ihr erstes Urteil über ihn zurücknehmen.

Damit es meine Mitmenschen nicht so schwer haben wie Mr Darcy bei Elizabeth (und Elizabeth bei Mr Darcy), habe ich mir seit meinem Erlebnis mit dem vorschnell urteilenden Kunden fest vorgenommen, einen Menschen nicht nach dem ersten Eindruck zu beurteilen. Natürlich gelingt mir das nicht immer – schließlich macht das mein Gehirn in den ersten Sekunden ganz von selbst. Trotzdem versuche ich, nicht beim ersten Eindruck stehen zu bleiben und meinen Mitmenschen so offen und vorurteilsfrei wie möglich zu begegnen.

Wurdest du schon einmal vorschnell und falsch beurteilt? Wie ging es dir dabei?

Jeremia 1,1-19

Wer seine Meinung
niemals ändert,
muss besonders darauf achten,
auf Anhieb keine Fehlurteile
zu fällen.

Jane Austen, „Stolz und Vorurteil“

22

Ein stolzes Herz

„Ich finde den Stolz bei ihm nicht so schlimm“, sagte Miss Lucas, „weil es eine Entschuldigung dafür gibt. Dass ein so vornehmer junger Mann von Familie und Vermögen und mit vielen anderen Vorzügen eine gute Meinung von sich selbst hat, wundert mich gar nicht. Ich finde, es ist sein gutes Recht, stolz zu sein.“
„Einverstanden“, antwortete Elizabeth, „und ich könnte ihm seinen Stolz leicht verzeihen, wenn er meinen nicht verletzt hätte.“
„Stolz“, bemerkte Mary, die sich etwas auf ihre tiefgründigen Einsichten zugutehielt, „ist, glaube ich, ein weitverbreiteter Fehler. ... Eitelkeit und Stolz sind allerdings verschiedene Dinge, obwohl die Wörter fälschlich oft synonym gebraucht werden. Jemand kann stolz sein, ohne eitel zu sein. Stolz bezieht sich mehr auf unser Urteil über uns selbst, Eitelkeit mehr auf das, was andere von uns halten sollen.“[116]

Miss Lucas, Elizabeth und Mary Bennet in „Stolz und Vorurteil“

Es ist der Morgen nach *dem* Ball in Meryton und „die Damen von Lucas Lodge“[117] sind soeben in Longbourn eingetroffen. Nun sitzen die Freundinnen und deren Mütter im gemütlichen und stilvoll eingerichteten Morgenzimmer der Bennets beisammen. Noch etwas zerknautscht vom Vorabend, an dem alle später als sonst, aber glücklich in die Betten gefallen sind, nippen sie an ihrem Tee. Trotz der Müdigkeit muss die Tanzveranstaltung in aller Ausführlichkeit und aus jedem Blickwinkel besprochen werden.

Und da gibt es eine Menge zu bereden! Zwei Junggesellen sind dort aufgetaucht und haben in der Damenwelt für viel Unruhe gesorgt: Mr Bingley und Mr Darcy. Über Letzteren hatte sich Mrs Bennet schon am Vorabend aufgeregt. Er sei ein widerlicher, abstoßender Mann, der hierhin und dorthin stolzierte, sich ganz unwiderstehlich fand und hochnäsig und so eingebildet sei – nicht auszuhalten.[118] Tja, und unsere liebe Elizabeth wurde von ihm als „gerade nur passabel“[119] beurteilt. Kein Wunder, dass er bei ihr und ihrer Familie unten durch war!

Bei mir hätte Mr Darcy mit seinem Verhalten, das er beim Ball an den Tag gelegt hat, auch keine Sympathiepunkte gesammelt. Sein Stolz war unübersehbar! Die Unterhaltung, die sich aufgrund seiner Überheblichkeit zwischen den Damen entspinnt, bringt mich ins Nachdenken. Welche von den dreien liegt denn nun mit ihrer Einschätzung richtig? Die 27-jährige Miss Lucas, die findet, dass es Mr Darcys gutes Recht sei, stolz zu sein, weil er ein vornehmer Mann mit Vermögen ist? Oder Elizabeth, die Stolz verzeihlich findet, solange ihr eigener nicht verletzt wird?

Wenn ich ehrlich bin, finde ich die Bemerkung von Mary, der Jüngsten im Bunde, sehr reif und durchdacht (auch wenn die junge Frau klingt, als würde sie aus einem Lexikon zitieren). Ich stimme ihr darin zu, dass Stolz ein weitverbreiteter Fehler ist und wir Menschen dafür sehr anfällig sind. „Stolz bezieht sich mehr auf unser Urteil über uns selbst" – mit diesem Satz trifft Mary den Nagel auf den Kopf.

Mr Darcys Benehmen auf dem Ball ähnelt sehr dem der Pharisäer in der Bibel. Diese Glaubenslehrer waren in der Zeit, als Jesus auf der Erde lebte, hochgradig stolz und hochmütig. Sie dachten, sie wüssten alles besser und hätten eine höhere Stellung als die anderen Juden. „Ich danke dir, Gott, dass ich nicht so bin wie die übrigen Menschen ..." (Lukas 18,11) – das war ihre Herzenseinstellung, die sie durch ihr hochmütiges Verhalten offenbarten.

Genau das, was auch Mr Darcy vermittelt, als er seinen Blick mit unverhohlener Arroganz über die Gesellschaft beim Fest schweifen lässt: „Gut, dass ich nicht so bin wie diese einfachen und unterbelichteten Leute."

Später, während einer Unterhaltung mit Elizabeth, bestätigt sich das: „Mein ganzes Leben lang habe ich mich gerade darum bemüht, Schwächen zu vermeiden, die den Verstand lächerlich erscheinen lassen" (– übrigens ein kleiner Seitenhieb auf Mrs Bennet und die jüngeren Bennet-Schwestern). Darauf antwortet Elizabeth: „Wie zum Beispiel Eitelkeit und Stolz." „Ja, Eitelkeit erkenne ich als Schwäche an. Aber Stolz – wer geistige Überlegenheit besitzt, kann auch seinen Stolz immer beherrschen."

Elizabeth wendet sich lächelnd ab und auch ich kann mir ein Schmunzeln nicht verkneifen. Mit der Beherrschung und der Einschätzung seines Stolzes hat sich Mr Darcy wohl ziemlich verkalkuliert. (Aber auch Elizabeth muss später verärgert feststellen, wie falsch sie gelegen hatte.)

Bestimmt hast du dich selbst auch schon mal mit anderen verglichen und dabei gedacht: Wie kann man nur so ... sein?! Wenn ich ehrlich sein soll, haben mich solche Gedanken schon das ein oder andere Mal beschlichen. Damit bestätigt sich Marys Einschätzung, dass Stolz ein weitverbreiteter Fehler ist. In der Bibel steht sogar, dass „ein stolzes Herz dem HERRN ein Gräuel [ist] und gewiss nicht ungestraft bleiben [wird]" (Sprüche 16,5 LUT). Wenn wir stolz sind, be- und verurteilen wir etwas oder jemanden, der oder das von Gott erschaffen wurde. Voilà: Stolz und Hochmut! Und, aufgepasst Mr Darcy: „Leute mit überheblichem Blick und stolzem Herzen will ich nicht in meiner Nähe dulden" (Psalm 101,5).

Du siehst, mit Gott ist da nicht gut Kirschen essen. Deswegen sollten wir unsere innere Einstellung und unsere Herzen immer wieder daraufhin prüfen. Wahrscheinlich betete Jane Austen aus diesem Grund: „Oh Gott, und bewahre uns davor, uns durch Stolz oder Eitelkeit zu täuschen …"[120] Ein Gebet, dem wir uns anschließen sollten.

Ich habe Gott schon lange nicht mehr darum gebeten, mich vor Stolz zu bewahren und mir überhebliche Gedanken zu vergeben. (Mit Elizabeths Worten: „Wie niederschmetternd ist diese Entdeckung!"[121]) Wenn du möchtest, kannst du dieses Gebet mit mir sprechen:

Vater im Himmel, du möchtest für uns alle nur das Beste. Danke, dass dir so viel daran liegt, dass wir nicht stolz und hochmütig sind, damit wir nicht Gefahr laufen, uns wichtiger zu nehmen, als wir eigentlich sind. Bitte vergib mir, wenn ich mich mit anderen verglichen habe, um mich selbst besser zu fühlen, oder wenn ich meinte, besser zu sein als andere und damit auch besser zu sein als du.

Vergib mir, dass ich deine Schöpfung nicht wertgeschätzt und mir eingebildet habe, etwas ganz allein, ohne deine Hilfe geschafft zu haben.
Bitte bewahre mich davor, stolz zu werden, und zeige mir, wenn ich hochmütig gedacht oder gehandelt habe.
Schenk mir ein offenes Herz für andere.
Amen.

In 1. Korinther 1,31 (NLB) steht: „Wer stolz sein will, soll auf das stolz sein, was der Herr getan hat.“ Wenn es dir auf dem Herzen liegt, erstelle eine Liste, in der du notierst, auf welche Dinge du stolz bist, die Gott getan hat: „Gott, ich lobe dich dafür, dass du …“

Lukas 18,9-14

23

Vorbilder

„Wie können zwei Predigten pro Woche, einmal angenommen, sie sind hörenswert, … alles das erreichen, wovon Sie sprechen? Nämlich den Rest der Woche … auf die Sitten einzuwirken? Man sieht doch einen Geistlichen kaum je außerhalb seiner Kanzel. … Die Sitten, von denen ich spreche, könnte man vielleicht eher Lebensführung nennen, das Ergebnis gesunder Grundsätze, kurz und gut, das Resultat der Doktrinen, die zu lehren und zu empfehlen ihre Pflicht ist; und man wird, glaube ich, überall finden, dass auch die restliche Nation davon abhängt, ob die Geistlichkeit ist oder nicht ist, wie sie sein sollte.“

Edmund Bertram in „Mansfield Park“[122]

Edmund Bertram hat soeben die kleine Kapelle von Sotherton Court besichtigt, die zu Mr Rushworths Anwesen gehört. Edmunds Schwager in spe hat ihn zusammen mit seinen Schwestern, seiner Cousine Fanny Price und seinen Nachbarn, Mr und Miss Crawford, zu einem ausgiebigen Ausflug hierhin eingeladen. Fanny war etwas enttäuscht vom Anblick des unauffälligen, wenig feierlich anmutenden Raums; ihr Besitzer hingegen pries sie stolz als „stattliche Kapelle“[123] an.

Während der Besichtigung näherten sich Mr Rushworth und Edmunds Schwester Maria dem Altar, woraufhin sofort die Spekulationen losgingen und die jüngere Schwester Julia spontan ausrief: „Mein lieber Edmund, wenn du nur schon Pfarrer wärst, dann könntest du die Trauung gleich vornehmen.“[124] Sogleich machte sich Entsetzen auf Miss Crawfords Gesicht breit. „Was! Werden Sie etwa Geistlicher?“[125]

Kurz darauf erfrischen sich die Ausflügler im künstlich angelegten Wäldchen. Im Schatten von Lärchen, Lorbeerbäumen und gestutzten Buchen nimmt Miss Crawford den Faden wieder auf. Zwischen ihr, Edmund und Fanny entspinnt sich eine lebhafte Diskussion darüber, welche Rolle Geistliche in der Gesellschaft haben. Edmund beleuchtet das Glaubensleben von verschiedenen Seiten, wobei Miss Crawford kaum ein gutes Haar am Beruf des Geistlichen lässt. Edmund springt immer wieder mit Nachdruck für den Klerus in die Bresche – schließlich möchte er später selbst Pfarrer werden. Miss Crawford ist hingegen der Meinung, er sei „für etwas Besseres geschaffen“: „Eine juristische Laufbahn. Es ist noch nicht zu spät.“[126]

Denken wir an Pfarrer in Jane Austens Romanen, fallen uns normalerweise zuerst Mr Collins aus „Stolz und Vorurteil“ und Mr Elton aus „Emma“ ein mit ihrem Talent, sich lächerlich zu machen. Eine Tatsache, die uns verwundert, weil Jane selbst aus einem Pfarrhaushalt stammte. Für diese beiden Romanfiguren musste sie einiges an Kritik einstecken.[127] Man warf ihr vor, nicht zu verstehen, was den Beruf des Geistlichen ausmacht. Worüber die Autorin sicher herzlich gelacht hat, in Anbetracht ihres Hintergrunds.

Könnte es nicht vielmehr sein, dass Jane aufzeigen

wollte, wie mangelhaft sich viele „Glaubensvorbilder“ zu ihrer Zeit verhielten? Vielleicht hat sie später gerade deshalb Edmund die oben zitierten Worte in den Mund gelegt, um zu zeigen, was ihr fehlte: positive Vorbilder, die die Bevölkerung prägen. Zu Jane Austens Zeit war der Beruf des Pfarrers sehr beliebt, angesehen und einflussreich, aber es gab keine spezielle theologische Ausbildung. Viele junge Männer entschieden sich aus finanziellen Gründen für diese Tätigkeit, ohne innere Berufung. Ihnen fehlte die richtige Herzenshaltung, wodurch sicher genau jenes Bild entstand, das Mr Collins und Mr Elton in wenig positivem Licht erscheinen lässt.

Und heute? Ist es nicht so, dass sich die Medien häufig auf Fehltritte von Pfarrern, Priestern und Gemeinden stürzen? Erfreuliche Ereignisse schaffen es dagegen kaum in die Zeitung oder werden nur am Rande erwähnt. Dass Miss Crawford auch nur Negativbeispiele einfallen, als sie mit Edmund und Fanny diskutiert, ist also nicht verwunderlich. Und wir können es ihr nur schwer übel nehmen, denn passiert uns das nicht auch in Bezug auf andere Personen oder Situationen? Ist es nicht so, dass wir uns oft mehr auf das Negative konzentrieren?

Was andere tun und wie sie sich verhalten, hat Auswirkungen auf uns. Und umgekehrt wird auch unser Handeln beobachtet und prägt unser Umfeld. Wie wichtig es deshalb ist, ein gutes Beispiel zu sein, wusste schon Paulus: „Sei den Gläubigen ein Vorbild in allem, was du sagst und tust, ein Vorbild an Liebe, Glauben und Reinheit“ (1. Timotheus 4,12).

Das klingt im ersten Moment nach viel Verantwortung – aber keine Angst: Gott erwartet keine Perfektion von uns. Doch natürlich will er auch keinen Glauben, der nur sonntags auf der Kirchenbank stattfindet. Vielmehr wünscht er sich, dass wir mit unserem Christsein vorleben, was Jesus auch uns vorgelebt hat: Vergebungsbereitschaft, bedingungslose Liebe, Ehrlichkeit, Geduld, Hilfsbereitschaft und vor allem, dass wir mit unserem ganzen Herzen bei ihm sind. So, wie Eltern aus Liebe danach streben, ihren Kindern ein gutes Vorbild zu sein. Am Verhalten der Eltern sollen sie ablesen können, wie man sich richtig verhält. Wie man höflich ist, sich entschuldigt, wie man sich ausdrückt, anderen gegenüber benimmt – Kinder ahmen das ganz natürlich nach.

Und so sollte es bei uns ebenfalls sein: dass wir Jesus nachahmen. Das fällt uns umso leichter, je mehr wir in der Bibel lesen. Vor allem in den Evangelien, aber auch in allen anderen Büchern der Bibel erfahren wir, wie Jesus ist, wie er handelt und wie er sich anderen gegenüber verhält. Möglicherweise entdeckst du während des Bibellesens noch andere Personen, an denen du dir ein Beispiel nehmen willst.

Auch bekannte Menschen oder andere Christen, die dich mit ihrer Art zu leben und zu glauben inspirieren, können dir zum Vorbild werden. Manchmal sind es ganz gewöhnliche Leute wie du und ich, die etwas Nachahmenswertes haben – vielleicht ist es die Instagrammerin, die sich sehr für Nachhaltigkeit einsetzt, eine Freundin, die trotz aller gesundheitlichen Herausforderungen immer wieder nachfragt, wie es *dir* geht, eine Mama, die sich im Elternbeirat der Schule einsetzt, obwohl sie auch viel anderes um die Ohren hat. Oder ein Edmund Bertram, der sich darauf freut, jeden Sonntag auf der Kanzel zu stehen und Gottes Wort zu verkünden – aus der Überzeugung heraus, „Verantwortung für alles“ zu haben, „was für die Menschheit, insgesamt und einzeln betrachtet, zeitlich und ewig von größter Bedeutung ist“[128]. Mit der richtigen Herzenshaltung.

Auf welche Vorbilder schaust du – im Leben und im Glauben? Wenn du noch keine hast, lass dich von Gott auf Menschen aufmerksam machen, die mit ihrem Herzen „voll dabei“ sind und dich inspirieren, ermutigen und motivieren.

1. Timotheus

24

Gabe

Ich war überrascht, die Luft blieb mir weg,
ich bekam, liebe Tante,
einen furchtbaren Schreck.
Wie das arglose Schwein,
das der Fleischer ersticht,
als ich erfuhr, dass Verwandtschaft ich habe,
die Bücher zu schreiben
hat die glänzende Gabe,
die ganz England jetzt liest –
ich ahnte es nicht.[129]

Gedicht von James Edward Austen-Leigh
für seine Tante Jane Austen

Als Jane Austens etwa 15-jähriger Neffe James Edward im Jahr 1813 davon erfuhr, dass seine Tante Schriftstellerin sei, griff er selbst zur Feder und verfasste dieses Gedicht. Nur wenige Familienangehörige waren zu Beginn in das Geheimnis eingeweiht gewesen, dass Jane Austen Romane schrieb und veröffentlichte: ihre Mutter, ihre Schwester Cassandra, ihre Brüder, eine enge Freundin, ihre Schwägerin Mrs Knigth und Janes Nichte Fanny.[130]

Jane bemühte sich mit aller Kraft darum, ihre Schriftstellerei zu verheimlichen und schrieb meistens „auf kleine Papierstücke ..., die leicht versteckt oder mit Löschpapier bedeckt werden konnten“[131]. Nicht einmal die Schwingtür zwischen der Haustür und der Tür zum Arbeitszimmer, die knarzte, wenn man sie öffnete, durfte repariert werden, weil das Knarzen Besucher ankündigte.[132]

Da es zu jener Zeit nicht „damenhaft“, ja, sogar unschicklich für Frauen war, als Autorin tätig zu sein[133], veröffentlichte Jane Austen ihre Romane unter dem Pseudonym „By a Lady“. Immerhin als Frau outete sie sich.

Und so kam es, dass ihr Neffe mindestens zwei Jahre lang keinen blassen Schimmer davon hatte, dass seine Tante Jane Autorin war – und zwar eine, die „die glänzende Gabe“ hat, Bücher zu schreiben, „die ganz England jetzt liest“ (und über 200 Jahre später sogar die ganze Welt!). Man kann seinem Gedicht zweifelsohne abspüren, was für eine riesige Überraschung diese Neuigkeit für ihn war.

Dass James Edward ausgerechnet die lyrische Form wählte, um seiner Tante auf humorvolle Weise von seinem Erstaunen zu berichten, war bestimmt kein Zufall. Die Austens schickten sich per Post immer mal kleine gereimte Nachrichten. Von Jane Austen wissen wir, dass sie das ebenfalls tat, und oftmals Geschenken, beispielsweise selbst angefertigten Hohlsaumtaschentüchern zur Hochzeit einer Bekannten, etwas Gedichtetes beifügte.[134]

Ich kann mir richtig vorstellen, welchen Spaß der Junge beim Dichten hatte, während er über passende Reime grübelte; und, sobald ihm etwas Witziges einfiel, die Reime kichernd zu Papier brachte. Sicher dachte er dabei an das Auflachen seiner Tante, wenn sie seine Zeilen lesen würde (er traf bestimmt ihren Humor). Ein nicht ganz unbegabtes Kerlchen, würde ich sagen!

Übrigens schrieb er Jahrzehnte nach dem Tod seiner

Tante die Biografie „Memoir", in der er seine und die Erinnerungen der Familienmitglieder an Jane Austen zusammenfasste.

Von Marianne, einer von Jane Austens Nichten, wissen wir deshalb auch, wie viel Vergnügen ihre Tante beim Schreiben hatte. Marianne erinnerte sich daran, wie die bis heute beliebte Autorin einmal ruhig in der Bibliothek saß, ihr Nähzeug auf dem Schoß, und lange schwieg; dann brach sie in Gelächter aus, sprang auf und lief durch den Raum, um Stift und Papier zu holen und etwas aufzuschreiben.[135] Da ist es nicht verwunderlich, dass wir ebenfalls beim Lesen oder bei den Verfilmungen ihrer Romane in Lachen ausbrechen, schmunzeln und vor uns hin kichern, oder?

Trotz ihres Vergnügens waren Jane Austens Bemühungen nicht direkt von Erfolg gekrönt. Die erste Fassung von „First Impressions" (Stolz und Vorurteil) wurde postwendend abgelehnt.[136] Das muss man sich mal vorstellen! Natürlich deprimierte sie diese Absage. Aber ich bin mir sicher, dass ihre Schwester Cassandra sie immer wieder aufbaute und ermutigte, nicht aufzugeben.

Da Jane Austen ihrem engsten Familienkreis immer mal Kostproben ihrer Romane vorlas und sie auf diese Weise in ihren Schreibprozess mit einbezog, kannte Cassandra die unvergleichliche Gabe, die in ihrer jüngeren Schwester schlummerte: humorvolle Texte zu verfassen, die ihre Leser unterhielten und zugleich gesellschaftliche und religiöse Normen infrage stellten und menschliche Schwächen entlarvten. Bestimmt drückte Cassandra in verzweifelten Momenten die (angehende) Schriftstellerin an sich und munterte sie auf, ihr Talent nicht ungenutzt zu lassen. „Schreib weiter, Liebes!"

„Aus diesem Grund erinnere ich dich an die Gabe, die Gott dir in seiner Gnade geschenkt hat, als ich dir die Hände auflegte. Lass sie zur vollen Entfaltung kommen!", schrieb der Apostel Paulus in einem Brief an Timotheus (2. Timotheus 1,6 NGÜ). Die beiden waren sozusagen Kollegen: Während seiner Reisen durch das heutige Griechenland, wo er den Menschen von Jesus erzählte, wurde Paulus eine Zeit lang von Timotheus begleitet.

Eines Tages trennten sich ihre Wege. Timotheus betreute von da an eine junge Gemeinde in Ephesus, was sehr herausfordernd war, wie du unter „Vorurteile" nachlesen kannst. Warum Paulus den jungen Freund an seine Gabe erinnern musste und um welche Gabe es sich handelte, bleibt im Dunkeln. Vielleicht war Timotheus von den Umständen, die in der Gemeinde herrschten, stark herausgefordert. Oder die Arbeit dort beanspruchte ihn dermaßen, dass er keine Zeit mehr fand, seine besondere Gabe auszuleben.

Möglicherweise war er auch – wie Jane Austen – entmutigt, weil das, worin Paulus seine Gabe sah, nicht sofort super funktionierte, weil es Rückschläge gab oder an Anerkennung mangelte.

Wenn wir eine Gabe haben, die wir zu Gottes Ehre einsetzen möchten, müssen wir häufig mit Rückschlägen rechnen. Selten läuft das problemlos ab, denn es gibt jemanden, der ein großes Interesse daran hat, uns bei der Auslebung unserer Gaben und Talente zu stören: der Teufel. Damit möchte er verhindern, dass Gottes Reich weiter wächst. Deshalb wirft er uns gerne Knüppel zwischen die Beine, was ich selbst schon häufig erlebt habe – nicht nur beim Schreiben dieses Buches. Da gab es verschiedene gesundheitliche Probleme, die Herausforderungen des Homeschoolings, Zweifel, Entmutigungen verschiedenster Weise und Dimension.

Aber Gott sei Dank hatte ich auch einige „Paulusse", die mich immer wieder daran erinnerten und darin bestärkten, meine Gabe und die mir anvertrauten Talente auszuleben. Im Gebet kämpften sie mit mir und wiesen Satan immer wieder in seine Schranken.

Garantiert tat das auch Paulus für den jungen Apostel Timotheus. Als er den Brief schrieb, hatte er im Hinterkopf, dass es Jesus sehr wichtig ist, dass wir unsere Talente einsetzen. Denn wo wir die von Gott gegebenen Gaben ausleben, entwickeln sie sich weiter (paradoxerweise ganz besonders dann, wenn wir Angriffen Satans ausgesetzt sind) und vervielfältigen sich.

Mit einem Gänsefederkiel bewaffnet und durch die Aufmunterungen ihrer Schwester gestärkt, sagte Jane Austen den negativen Stimmen den Kampf an. Über mehrere Jahre hinweg überarbeitete sie ihre Werke. Schließlich fand sich ein Verleger, der ihren ersten Roman „Verstand und Gefühl" am 30. Oktober 1811 veröffentlichte.

Von all diesen Widerständen hat sich Jane Austen nicht abhalten lassen, ihre Gabe auszuleben und als Schriftstellerin tätig zu sein. Ich finde das sehr beeindruckend. Und schau, was daraus geworden ist: Ihre Romane erfreuen sich mehr denn je größter Beliebtheit, wurden in sehr viele Sprachen übersetzt und es gibt unzählige Ausgaben, Verfilmungen, Geschenkartikel ... Und schließlich wurde „First Impressions" als „Stolz und Vorurteil" sogar zu ihrem beliebtesten Roman.

Manchmal brauchen wir jemanden, der uns an unsere Gabe erinnert. Oder uns daran erinnert, die Gabe nicht verkümmern zu lassen, sondern einzusetzen. Und manchmal sind wir diese Schwester, Freundin, Kollegin, Mutter, die jemand anderen dazu ermuntert, eine Gabe zu nutzen.

Fällt dir eine Frau aus deinem Umfeld ein, die eine Gabe hat, die sie zurzeit nicht auslebt oder ausleben kann? Überlege dir, wie du sie dazu ermuntern kannst, diese Gabe wieder einzusetzen – zur Freude für sich selbst und für andere.

Hast du selbst eine Gabe, die noch in dir schlummert, auf die dich schon mal jemand aufmerksam gemacht hat?

Matthäus 25,14-30

25

Eigene Wege gehen

Mein lieber Sir,
... ich glaube gern, dass ein historischer Liebesroman über das Haus Sachsen-Coburg profitabler und populärer wäre als die häuslichen Szenen auf dem Lande, mit denen ich mich beschäftige. Aber ich könnte einen romantischen Liebesroman ebenso wenig schreiben wie ein Versepos. Ich könnte mich höchstens ernsthaft hinsetzen und ernsthaft einen romantischen Liebesroman schreiben, um dadurch mein Leben zu retten; und wenn ich gezwungen wäre, dabeizubleiben, und dabei nicht über mich und andere befreiend lachen dürfte, dann würde ich mich aufhängen, bevor ich das erste Kapitel vollendet hätte. Nein, ich muss bei meiner Schreibart bleiben und meinen eigenen Weg gehen, und auch wenn ich damit nie wieder Erfolg haben sollte, bin ich doch überzeugt, dass ich auf jedem anderen völlig versagen würde.
Ich bin, mein lieber Sir,
Ihre sehr ergebene und aufrichtige Freundin
J. Austen[137]

Brief von Jane Austen an James Stanier Clarke vom 1. April 1816

Jane Austen sitzt an ihrem kleinen Walnussholz-Tischchen nahe dem Fenster in ihrem Cottage in Chawton, wo sie seit sechs Jahren mit ihrer Mutter und ihrer Schwester Cassandra lebt. Vor ihr liegt ein Brief von James Stanier Clarke, dem Kaplan und Bibliothekar des Prinzen von Wales (später König Georg IV.). Mit einem Lächeln erinnert sich Jane an die Besichtigung der prinzlichen Bibliothek in seiner Londoner Residenz Carlton House im vergangenen November zurück.

Verrückt, wie es dazu gekommen war! Zu dieser Zeit war sie bei ihrem Bruder Henry zu Besuch gewesen. Weil es ihm nicht gut ging, riefen sie einen Arzt, der – wie sich herausstellte – auch den Prinzen medizinisch betreute. Wäre der Doktor während des Hausbesuchs nicht so ins Plaudern geraten und hätte er Jane nicht von der Begeisterung erzählt, die der Prinzregent für ihre Romane hegte, wäre es wohl nicht zu der unverhofften Einladung gekommen. Wie sehr sie sich darüber und auf den Anblick der vielen Bücher gefreut hatte![138]

Dann war der Tag gekommen. Während sie in Carlton House in Begleitung des Bibliothekars die Regale im gotischen Stil und die aneinandergereihten Buchrücken bestaunte, führten sie eine angeregte Unterhaltung. Irgendwann – Jane konnte sich gar nicht mehr erinnern, wie es dazu gekommen war – hatten sie sich ihrem Schreiben zugewandt und Mr Clarke konnte Jane das Versprechen abringen, ihr nächstes Buch dem Prinzen zu widmen.

Wie versprochen enthielt ihr Roman „Emma“ bei Erscheinen die einleitenden Worte: „Seiner Königlichen Hoheit, dem Prinzregenten, ist dieses Werk mit Erlaubnis Seiner Königlichen Hoheit mit höchstem Respekt von Seiner Königlichen Hoheit ehrerbietigen und gehorsam demütigen Dienerin, der Autorin, gewidmet“.[139] Ein in rotes Leder eingebundenes, speziell für den Prinzregenten gedrucktes Exemplar wurde von Jane Austen beim Verlag angefordert und an den Bibliothekar geschickt.[140] Nun hatte der umtriebige Mann ihr auf diese Gabe geantwortet. In seinem Brief übermittelte er Jane den „Dank Seiner Königlichen Hoheit des Prinzregenten für das stattliche Exemplar“[141].

Allerdings konnte er sich ein paar Tipps und Hinweise an Jane nicht verkneifen. Da er nun zum Kaplan und Privatsekretär des Prinzen von Coburg ernannt worden sei, sei es doch nett, ihr nächstes Werk Prinz Leopold von Coburg zu widmen. Außerdem fände er es angebracht, wenn sie nun einen „historische[n] Liebesroman schreiben würde, der die Geschichte des erhabenen Hauses Coburg behandelt“[142].

Ach, Mr Clarke, wohin soll das denn führen?!, seufzt Jane und blickt versonnen durch das Fenster, durch das der frühlingshafte Garten[143] zu sehen ist. Wie gerne hält sie sich darin auf, spaziert darin herum und legt auch mal selbst Hand an. Vor ihrem inneren Auge sieht sie dort ihre eigenen Romanfiguren: Emma, die von Mr Knightley einen Heiratsantrag bekommt, Mr Collins, der den Garten pflegt, den hitzigen Wortwechsel zwischen Elizabeth Bennet und Lady de Bourgh ... Szenen, die mühelos aus ihrer Feder herausgeflossen sind, weil sie eine bestimmte Vorstellung davon hatte und die Handlungsorte ihr bestens vertraut waren.

Aber einen Roman über Leopold von Coburg schreiben? Auch wenn sich der bestimmt gut verkaufen würde, kann sie sich nicht in sein Leben hineindenken. Außerdem liegt ihr ein romantisch-abenteuerlicher Liebesroman, wie er sich derzeit äußerster Beliebtheit erfreut, nicht. Sie schüttelt den Kopf, dann macht sich ein verschmitztes Lächeln auf ihrem Gesicht breit. Ihre Hand greift zur Feder und sie beginnt mit dem Antwortschreiben: „Mein lieber Sir ...“

Manche vermuten ja hinter diesem Brief, den Jane Austen an James Stanier Clarke schrieb, einen Aprilscherz. Doch trotz des augenzwinkernden Tons glaube ich das nicht. Ich denke, dass Jane Austen ihre Worte zwar humorvoll verpackte, damit jedoch ein ganz bestimmtes Ziel verfolgte. Schon häufig hatte sie sich mit Vorurteilen bezüglich des Romanlesens (und natürlich -schreibens) auseinandersetzen müssen, was sie auch in ihren Romanen verarbeitete (insbesondere im 1817 posthum erschienenen „Northanger Abbey"). Romane lesende Frauen und Autoren und Autorinnen dieses Genres wurden zur damaligen Zeit belächelt, wenn nicht sogar verspottet.

Wie gut, dass Jane darauf beharrte, ihren eigenen Weg zu gehen, bei ihrer höchst eigenen Schreibart zu bleiben und auf die damals gängigen Themen „Ertrinken, Feuersbrunst, entlaufene Pferde, Schoßhunde, Papageien, Zimmermädchen und Hutmacherinnen, Stelldicheine und Verkleidungen"[144] zu verzichten, wie es eine Freundin von Jane Austens Mutter einmal formulierte.

Damals konnte die Autorin nicht ahnen, welchen Hype es einmal um ihre Romane geben würde, die das schlichte Leben auf dem Land beleuchten. Wäre es auch so gekommen, wenn sie dem Rat des Bibliothekars Folge geleistet hätte? Sicher nicht. Der Erfolg wäre nur von kurzer Dauer gewesen und nach wenigen Jahren hätte kein Hahn mehr nach einem Liebesroman über Prinz Leopold und Charlotte Augusta gekräht (zumal die junge Ehefrau bereits im November 1817 nach der Geburt ihres Kindes verstarb).

Jane Austen vertraute auf ihre eigene Gabe und hörte auf ihr Herz. Ich finde es immer sehr imponierend, wenn jemand so zu sich selbst steht – das zeugt von Selbstbewusstsein. Manchmal ist es aber noch mehr als das. Manchmal spüren wir ganz tief im Herzen, dass wir anders handeln müssen, als von uns erwartet wird.

So wie Daniel, der als junger israelischer Mann gemeinsam mit drei Freunden in babylonische Gefangenschaft geriet. Dort sollte er für den Dienst beim König Nebukadnezar ausgebildet werden. Am Hof bekam er sehr gutes Essen (Jane Austen wäre sicher das Wasser im Mund zusammengelaufen), doch Daniel beschloss in seinem Herzen, keine Speisen und keinen Wein vom Tisch des Königs anzurühren. Er wollte sich an die Speisegesetze seines Gottes halten.

Also bat er Aschpenas, den höchsten Hofbeamten, die kultisch unreinen Speisen nicht essen zu müssen (Daniel 1,8). Für die Juden galten damals Speisegesetze, die beinhalteten, dass Fleisch koscher zubereitet werden musste; auch heute noch halten sich viele Juden daran. Daniel war klar, dass er am babylonischen Hof ganz sicher keine koscheren Mahlzeiten vorgesetzt bekam. Daher verzichtete er lieber auf Fleisch.

Weshalb er auch auf Wein verzichtete? Sicher aus demselben Grund: Es bestand die Gefahr, dass es Götzenopferwein war. Aber vielleicht dachte er sich auch, dass er mit benebeltem Kopf schlechter lernen und Alkohol seine Entscheidungsfähigkeit beeinträchtigen würde.[145]

Um den Hofbeamten von ihrem Anliegen zu überzeugen, schlugen die vier jungen Männer ihm vor, ihr Aussehen nach zehn Tagen zu beurteilen. Und siehe da: „Am Ende dieser zehn Tage wirkten Daniel und seine drei Freunde gesünder und sahen besser genährt aus als die anderen jungen Männer, die von den Speisen des Königs gegessen hatten" (Vers 15 NLB). So gab der Hofbeamte die erhoffte Erlaubnis. Und nicht nur das: „Gott sorgte dafür, dass der oberste Hofbeamte große Achtung vor Daniel hatte und Nachsicht mit ihm übte" (Vers 9 NLB).

Gott belohnte Daniel dafür, dass er sich nach ihm und seinen Geboten ausrichtete, indem er ihm viel Einsicht und Verständnis für die Wissenschaft und alle Schriften ihrer

Zeit gab. Zusätzlich bekam Daniel die besondere Gabe, Visionen und Träume zu deuten (Vers 17). Das alles, weil Daniel auf sein „Herz" hörte.

Mir geht es auch immer wieder so, dass ich das Gefühl habe, dass mich mein „Herz" zu einer bestimmten Handlung drängt oder mich dazu bringt, eine von außen betrachtet nicht nachvollziehbare Entscheidung zu fällen. Da mein Herz sich im Gebet aber immer wieder auf Gott ausrichtet und ich ihn bitte, mir Weisheit für Entscheidungen zu schenken, weiß ich, dass da mehr spricht als nur mein Herz. Es ist Gott, der mir diese Eingebungen schenkt – so wie er es bei Daniel tat, der in seinem Herzen beschloss, sich mit seinen Freunden in Sachen Ernährung von den anderen jungen Männern abzugrenzen. Gott segnete das.

Manchmal ist es nicht leicht, Gottes Willen zu erkennen und seine Stimme zu hören. Ich kann nicht behaupten, dass mir das jedes Mal leichtfällt oder dass mir immer total klar ist, welche Richtung ich einschlagen soll. Als ich mich entscheiden musste, in welcher Buchhandlung ich nach meiner Ausbildung arbeiten wollte, hat mir mein Herz ganz laut und deutlich gesagt, wohin ich gehen sollte: nach Limburg. Für diese Entscheidung musste ich kämpfen, weil viele meinten, es sei nicht der richtige Weg für mich. Aber Gott wusste es besser und hat mir den Weg dorthin geebnet.

Fast zwei Jahrzehnte später musste ich mich nach einem neuen Job umsehen. Ich hatte die Wahl zwischen einer Stelle in einer Buchhandlung – beruflich passend, jedoch 20 Kilometer von uns entfernt – und einem IT-Job direkt in der Nähe. Da ich Gott sehr konkrete „Wünsche" genannt hatte, die bei der Wahl des neuen Arbeitsplatzes für mich ausschlaggebend waren, kam tatsächlich die Stelle in der IT-Branche in die nähere Auswahl. Sie bot alles, worum ich Gott gebeten hatte!

Mein Mann und ich haben sehr gute Erfahrungen damit gemacht, unsere Entscheidungen und Fragen vor Gott zu bringen. Für uns hat sich Psalm 37,5 bestätigt:

Überlass dem Herrn die Führung deines Lebens und vertraue auf ihn, er wird es richtig machen. (NLB)

Ob Jane Austen vor der Beantwortung des Briefes an James Stanier Clarke ein Gebet gesprochen hat, wissen wir zwar nicht, doch dass sie das Vaterunser regelmäßig gebetet hat, ist verbrieft. Somit hat sie auch immer wieder die Worte „Dein Wille geschehe im Himmel wie auf Erden“[146] an Gott gerichtet und ihr Herz auf ihn ausgerichtet. Daher bin ich mir sicher, dass sie ihren eigenen Weg nie allein, sondern immer gemeinsam mit Gott gegangen ist.

In welchen Situationen hast du im Herzen gespürt, welche Entscheidung du treffen sollst? Haben sich diese Entscheidungen hinterher als gut und richtig herausgestellt?

Wenn es dir gerade schwerfällt, den Willen Gottes zu erkennen, lies in Richter 6 und 7, wie Gideon Gott um Bestätigungen seiner Entscheidungen bat.

26

Selbstwert

Lady Catherine kam näher und sagte, nachdem sie einen Augenblick zugehört hatte, zu Darcy: „Miss [Elizabeth] Bennet würde wirklich gar nicht so schlecht [Klavier] spielen, wenn sie mehr übte und bei einem guten Lehrer in London Unterricht nähme. Ihre Fingertechnik ist gut, obwohl ihr Ausdruck an Annes nicht heranreicht." … Lady Catherine fuhr in ihren Bemerkungen über Elizabeths Spiel fort und flocht einige Anweisungen über Fingertechnik und Ausdruck ein. Elizabeth nahm sie mit höflicher Geduld entgegen und blieb auf Wunsch der Herren am Klavier, bis die Kutsche der Frau Baronin vorfuhr, um sie alle nach Hause zu bringen.[147]

Lady de Bourgh in „Stolz und Vorurteil"

Elizabeth Bennet ist schon seit ein paar Wochen bei Mr Collins, dem Pfarrer, und dessen Ehefrau, ihrer besten Freundin Charlotte, zu Gast in Hunsford. Das luxuriöse Dinner bei Lady Catherine de Bourgh auf Rosings Park, dem alle drei beiwohnen durften, liegt bereits einige Zeit zurück und inzwischen hat sich bei der Lady Besuch eingefunden: Ihre beiden Neffen, Mr Darcy und Oberst Fitzwilliam, sind da. Aus diesem Grund muss Mr Collins eine Weile warten, bis seine „aufmerksame Nachbarin“[148] wieder eine Einladung an ihn ausspricht.

Am Sonntag nach dem Gottesdienst ist es so weit. Die Aussicht auf den erlauchten Empfang auf Rosings Park erzeugt bei Mr Collins zwar nicht so viel Aufregung wie beim ersten Mal (bei all dem Tumult hatte Elizabeth vermutet, dass mindestens die Schweine in den Garten eingebrochen sein mussten), aber die erneute Einladung wird dennoch dankbar angenommen.

So treffen die Gäste abends mehr oder weniger beschwingt auf Rosings Park ein – Mr Collins und seine Frau natürlich voller übersprudelnder Freude, Elizabeth mit eher gemischten Gefühlen. Sie würde Mr Darcy wiedersehen, jenen stolzen Gentleman, der auf dem Ball in Meryton seinem Freund, Mr Bingley, gegenüber behauptet hatte, Elizabeth sei zwar ganz annehmbar, könne ihn aber nicht in Versuchung führen.

Nach dem Kaffee, der üblicherweise nach dem Dinner ausgeschenkt wird, bittet Oberst Fitzwilliam Elizabeth, auf dem Klavier zu spielen. Er rückt seinen Stuhl näher an sie heran, um ihr beim Umblättern der Noten behilflich zu sein. Während Elizabeth beim Musizieren ihr Bestes gibt, nähert sich ihr Mr Darcy „mit der ihm eigenen Behutsamkeit“[149], um ihr ins Gesicht sehen zu können. Elizabeth bekommt das natürlich mit und spricht ihn in einer Pause an. Daraufhin entspinnt sich eine Unterhaltung, in der sie sich gegenseitig herausfordern und Darcys Verhalten in Netherfield beleuchten.

Das intensive Gespräch bleibt von der aufmerksamen Lady de Bourgh nicht unbemerkt. Sie stört die beiden, um zu verhindern, dass sich zwischen ihnen etwas anbahnt

(Darcy soll bitteschön ihre Tochter Anne heiraten!). Da Elizabeth sich gerade am Flügel befindet, kann sie ja mal ihr Spiel bemängeln – schließlich hatte sie die junge Frau schon öfter dazu angehalten, ihr Talent zu vervollkommnen. Lady de Bourghs eigene Tochter kommt bei den Ausführungen natürlich sehr viel besser weg.

Elizabeth lässt sich in dieser Szene nichts anmerken, nimmt die Belehrungen „mit höflicher Geduld“[150] entgegen, was sicher daran liegt, dass Mr Darcy ihr kurz vorher noch versichert hat: „Wer das Vorrecht hat, Ihnen zuhören zu dürfen, kann an Ihrem Spiel nichts auszusetzen haben.“[151] Trotzdem hätte es in mir, wäre ich an ihrer Stelle gewesen, mächtig gebrodelt. Was würdest du an ihrer Stelle denken und fühlen?

Mit anderen verglichen zu werden, die dabei auch noch wesentlich besser beurteilt werden – das kann sehr schmerzhaft sein, vor allem, wenn es in aller Öffentlichkeit geschieht. Wie Nadelstiche, die direkt ins Herz gehen.

Viel öfter, als Außenstehende das tun, vergleichen wir uns allerdings selbst mit anderen. Natürlich kommen wir dabei auch mal gut weg, aber ist es nicht eher so, dass wir uns oft auf unsere Schwächen fokussieren und uns beim Vergleichen total schlecht fühlen? Bestimmt kennst du solche oder ähnliche Gedanken:

Wow, meine Freundin hat mehr Kinder als ich und bei ihr ist alles viel ordentlicher als bei uns.

Ach, hätte ich nur so eine Figur wie das Model im Katalog!

Die Bloggerin hat viel mehr Follower und Likes als ich – was mache ich falsch?!

Ich würde auch gern so gut singen wie die Sänger der Lobpreisband.

Meine Kollegin schafft viel mehr auf der Arbeit …

Solche Gedanken können uns richtig runterziehen und

blockieren. Der dänische Theologe Sören Kirkegaard hat es mal so ausgedrückt: „Alle Not kommt vom Vergleichen!" Vergleichen bringt eigentlich nie etwas Gutes mit sich und macht uns zwangsläufig unglücklich.

Genau anders herum verhält es sich mit dem Lob. Gelobt zu werden zaubert uns ein Lächeln ins Gesicht, lässt unser Herz vor Freude hüpfen und alles geht uns gleich viel leichter von der Hand. Ich kann mir gut vorstellen, dass es Jane Austen so ging, als sie im November 1815 den Brief von Stanier Clarke, dem Bibliothekar des Prinzregenten, mit folgender Anerkennung erhielt: „Ihre bisherigen Werke, Madam, und vor allem Mansfield Park, gereichen Ihrem Genie und Ihren Grundsätzen zur höchsten Ehre. In jedem neuen Werk scheint Ihr Geist an Kraft und Erkenntnisfähigkeit zuzunehmen. Der Regent hat all Ihre Veröffentlichungen gelesen und bewundert sie."[152]

Zu wissen: Ja, ich habe es richtig gemacht. Ich habe es *gut* gemacht, stärkt unser Selbstvertrauen und gibt uns neuen Schwung. Bestimmt gab das hohe Lob auch Jane Austen einen Motivationsschub und Auftrieb beim Verfassen ihres letzten Romans „Überredung".

Nicht gelobt zu werden fühlt sich dagegen an wie nicht geliebt zu werden und alles falsch zu machen. Eine längere „Lob-Durststrecke" kann daher regelrecht depressiv machen.

Wenn wir uns dann den negativen Gedanken hingeben und sie als wahr annehmen, vergessen wir, dass wir einen Schöpfer haben, der uns genau richtig gemacht hat. „Du bist es ja auch, der meinen Körper und meine Seele erschaffen hat, kunstvoll hast du mich gebildet im Leib meiner Mutter. Ich danke dir dafür, dass ich so wunderbar erschaffen bin, es erfüllt mich mit Ehrfurcht. Ja, das habe ich erkannt: Deine Werke sind wunderbar!" (Psalm 139,13-14).

König David, der diesen Psalm geschrieben hat, weiß um seine Unvollkommenheit. Trotzdem hält er daran fest, dass er gut genug ist, weil er so von Gott geschaffen wurde. Und seine Psalmworte gelten auch für dich: *Du bist kunstvoll und wunderbar.* Lass dir das mal auf der Zunge zergehen: Du wurdest *kunstvoll* erschaffen! Du bist ein *Kunstwerk!* Eine Leinwand, auf die Gott in den allerschönsten Farben gemalt hat. Mit der Figur, die du hast, den krausen oder glatten Haaren in einem nicht langweiligen Mittelbraun und den großen Füßen, mit denen du schnellen Schrittes durch den Alltag gehst. Mit den Fähigkeiten, die er dir geschenkt hat: Vielleicht hast du keinen superordentlichen Haushalt, aber dafür kannst du gut singen; vielleicht bist du bei der Arbeit nicht die Schnellste, aber dafür die Gewissenhafteste. Vielleicht hast du nicht so viele Follower, aber dafür netten Austausch mit den wenigen.

All deine Gaben und Fähigkeiten und sogar deine kleinen Fehler und Schwächen sind ein Geschenk an dich. Stell dir vor, deine beste Freundin schenkt dir etwas, das sie wohlüberlegt und mit viel Liebe für dich ausgesucht hat, und beim Auspacken schleuderst du ihr entgegen: „Das gefällt mir aber gar nicht!" Na ja, unter engen Freundinnen könnte man das zwar machen, aber würdest du es wirklich übers Herz bringen, ihr Geschenk so abzulehnen? Vielleicht lernst du es ja später noch zu schätzen!

Und so hat Gott es sich auch gedacht: Nimm das Geschenk an, das er dir gemacht hat und das du selbst bist. Überleg dir, was du damit schaffen kannst! Welche Fähigkeiten er dir geschenkt hat! In welchen Dingen bist du besonders gut? Worin darfst du noch wachsen und Gottes Gnade erleben? Schreib dir das mal auf, frag andere, welche Begabungen sie in dir sehen.

Und dann darfst du das tun, wozu wir unsere Kinder bringen wollen, wenn sie etwas geschenkt bekommen: „Hast du auch Danke gesagt?“ Meistens folgen eine betretene Miene und ein zögerlich geflüstertes Danke; und ich sehe auch an deinem nachdenklichen Gesichtsausdruck, dass du dich gerade fragst, wann du Gott zum letzten Mal für deine Gaben gedankt hast und dafür, wie er dich erschaffen hat. Wie wäre es mit ... jetzt?

Vergiss nicht: Du bist nicht auf die Meinung und das Lob anderer Menschen angewiesen. Für Gott bist du genau richtig so, wie du bist! Lass diese Erkenntnis deinen Selbstwert bestimmen.

Mit wem oder wegen was vergleichst du dich am meisten? Bitte Gott, dir diesbezüglich eine neue Perspektive zu schenken.

Psalm 139

Vielleicht sind es
unsere
Unvollkommenheiten,
die uns so perfekt
füreinander machen.

Jane Austen, „Emma“

27

Segen

Ich weiß keine bessere Art, mein liebster Edward, Dir für all Deine liebevolle Fürsorge während meiner Krankheit zu danken, als Dir sobald wie möglich selbst zu versichern, dass ich weiter auf dem Weg der Besserung bin. ...Unsere Unterkunft hier ist sehr bequem. Wir haben ein nettes kleines Wohnzimmer mit einem Erkerfenster, das auf Dr. Gabells Garten hinaussieht. Dank der Freundlichkeit Deines Vaters und Deiner Mutter, mir ihre Kutsche zu schicken, habe ich die Reise hierher am Samstag ohne große Erschöpfung überstanden. ... Gott segne Dich, mein lieber Edward. Solltest Du je krank werden, so hoffe ich, dass Du so zärtlich umsorgt wirst wie ich, dass Dir die gleiche segensreiche Hilfe von besorgten, mitfühlenden Freunden zuteilwird ...[153]

Jane Austen in einem Brief vom 27. Mai 1817 an ihren Neffen James Edward Austen-Knight

Diese Sätze entstammen dem wahrscheinlich letzten Brief, den Jane Austen geschrieben hat. Drei Tage zuvor hatte sie sich gemeinsam mit ihrer Schwester Cassandra auf den Weg nach Winchester gemacht, wo sie eine bessere ärztliche Versorgung erhalten sollte.

Zu Jane Austens Lebzeiten konnte niemand genau sagen, woran sie litt. Alle Behandlungen schlugen nicht an. Lange nach ihrem Tod stellte man die Vermutung an, dass sie an einer Nebenniereninsuffizienz litt, auch Morbus Addison genannt. Neueste Theorien gehen jedoch davon aus, dass sie an Morbus Hodgkin[154] litt, einer bösartigen und seltenen Erkrankung des lymphatischen Gewebes.

Als Jane Austen den Brief an ihren Neffen James Edward schreibt, um ihm, ihrem Bruder und ihrer Schwägerin für die Kutsche zu danken, die sie ihr zur Verfügung gestellt hatten, ahnt sie noch nicht, dass ihr Lebensende naht. Sie sitzt in dem netten kleinen Wohnzimmer des Häuschens in der College Street, wo sie sich eingemietet haben, und genießt – soweit es ihre krankheitsbedingt müden Augen zulassen – den Anblick, der sich ihr durch das große Erkerfenster mit den weißen Sprossen bietet: den des Gartens gegenüber „ihres“ Häuschens. Sein Rasen in tiefen Grüntönen und die vielen, bunten Beete erfreuen ihre Augen.

Dann lenkt sie ihre Aufmerksamkeit zurück auf das unbeschriebene Blatt vor sich, tunkt ihre Schreibfeder in das Tintenfässchen und versichert ihrem Neffen, dass es ihr schon viel besser geht. Trotz aller gesundheitlichen Bedrängnisse verliert sie ihre Dankbarkeit nicht. Man spürt ihren Worten ab, dass sie sich des Segens, der ihr durch die liebevolle Umsorgung ihrer Schwester zuteilwird, sehr bewusst ist.

Dass sie diese dankbare Haltung einnehmen darf, diesen Wunsch hat Jane sogar in einem schriftlichen Gebet festgehalten. Dort bittet sie: „Gib uns Dankbarkeit für die Segnungen, in denen wir leben …“[155]

Ich stelle mir vor, dass es in Janes Leben nicht wenige

davon gab und dass sie sich während ihrer Gebete all der Segnungen bewusst wurde, die sie am jeweiligen Tag erfahren durfte: sei es eine Freundin, die sie auf einen langen Spaziergang begleitete; der Bruder, der ihr, ihrer Schwester Cassandra und der Mutter sein Cottage zur Verfügung stellte; der Verlag, der ihren ersten Roman veröffentlichte; Briefe von ihrer Schwester, während sie voneinander getrennt waren; Besuche ihrer Lieblingsnichte Fanny und der anderen Nichten und Neffen; leckere Dinner bei ihrem Bruder in Godmersham Park; ein Gottesdienstbesuch mit ihrer ganzen Familie; das Klavier, auf dem sie täglich spielen konnte; der Tanzabend, an dem sie mit ihrer ersten Liebe das Tanzbein schwang ... All diese Segnungen hat sie gern und bewusst empfangen und ihrem Schöpfer dafür gedankt.

Segen ist etwas Wunderbares und deshalb nehmen wir ihn nicht nur mit Freude entgegen, sondern geben ihn auch gerne und oft weiter. Segensworte sind das Sahnehäubchen beim Verabschieden, sie zieren viele Postkarten und sind unter Christen schon fast zu einem Standardwunsch geworden. Besonders häufig wird Segen ausgesprochen, wenn es einen besonderen Anlass gibt: „Ein gesegnetes Weihnachtsfest", „Gottes Segen für dein neues Lebensjahr ... zur Hochzeit ... zur Geburt", „Gott segne dieses Haus" usw.

Aber sind wir uns eigentlich im Klaren darüber, was es bedeutet, jemanden zu segnen? Ganz allgemein ausgedrückt, wünschen wir dem oder der Gesegneten ein gelingendes Leben und dass Mühe und Arbeit Frucht bringen (vgl. 5. Mose 28,3-14). Damit ist jedoch kein kurzfristiger Erfolg gemeint, wie man ihn heute kennt. Keine Perfektion. Durch den Segen beschenkt Gott jeden Menschen mit vielfältigen himmlischen Gaben. Es muss nichts geleistet werden. *Gott* handelt, er ist derjenige, der den Segen ausführt – ganz kostenlos!

Auch wir dürfen andere segnen, Gottes Segen über ihnen

aussprechen und zugleich selbst ein Segen für diese Welt sein. Das machen die ersten ausgesprochenen Segensworte in der Bibel deutlich. Lange, sehr lange vor Jane Austen sprach Gott über Abraham, einer Schlüsselfigur in Gottes Plan, den ersten Segen aus: „Ich will dich segnen ... und du sollst ein Segen sein“ (1. Mose 12,2 LUT).

Indem wir hilfsbereit sind und offen für andere, sind wir ein Segen. Oftmals tun wir das, ohne uns dessen bewusst zu sein: Wir hören beispielsweise jemandem geduldig zu oder bringen einer Freundin etwas aus der Stadt mit. Auf solchen Liebenswürdigkeiten liegt Gottes Segen ebenso wie auf bewussten Segnungshandlungen.

Durch das Segnen wird der gesegnete Mensch bzw. werden die gesegneten Gaben mit Gott verbunden und in seinen Machtbereich gestellt – was Jane Austen in ihrem Brief an Edward tut. Auch ihre Schwester und ihre Familie stellt sie in brieflichen Grußworten immer wieder unter den Segen Gottes. Zwar ist ihre Korrespondenz nicht vollständig erhalten, weil Cassandra Teile davon vernichtete, um Janes Andenken zu schützen; aber die Grußworte von Janes Briefen blieben in der Regel bewahrt.

Beim Lesen ihrer Zeilen fiel mir auf, dass Jane solche Segensworte nicht inflationär benutzte, sondern mit Bedacht. Sie sind für mich neben ihren schriftlich festgehaltenen Gebeten ein Zeichen ihres Glaubens. Ich möchte mir Jane darin zum Vorbild nehmen, Segensworte nur dann auszusprechen, wenn ich mir der Bedeutung des Segens voll bewusst bin. Ich möchte mir im Klaren darüber sein, dass ich der Person wünsche: Gott möge sich dir zuwenden und sein Angesicht über dir leuchten lassen.

Während ich Zeile um Zeile für dieses Buch schreibe, bete ich, dass Gott dich, liebe Leserin, segnet und dir das Buch zum Segen wird. In diesem Sinne schließe ich mich Janes

Worten an, die sie in einem Brief an ihre Nichte Fanny richtete: „Gott segne dich.“[156]

Erinnerst du dich, wann du zuletzt jemandem Gottes Segen gewünscht hast? Warst du dir der Bedeutung des Segens dabei bewusst? Wem möchtest du heute Gottes Segen wünschen? Du kannst ihn im Beisein der Person aussprechen oder ihn in deine Gebete miteinbeziehen.

5. Mose 28,3-14; 4. Mose 6,24-26

28

Gebet

„... bete für mich, ach, bete für mich.“[157]
Jane Austens letzte Worte

Ein ganz gewöhnlicher Julimorgen bricht an. Das erste Tageslicht fällt durch das leicht geöffnete Fenster des Häuschens in College Street Nr. 8 in Winchester. Eine sanfte Brise bewegt die Vorhänge und es ertönt der fröhliche Gesang der Amseln, die die ersten Sonnenstrahlen begrüßen.

Doch Cassandra, die an der Kante von Janes Bett sitzt, hört das Gezwitscher nicht. Ihre volle Aufmerksamkeit ist auf ihre Schwester gerichtet, deren Kopf sie mit einem Kissen abgestützt hat. Cassandra streicht ihr liebevoll über die Wangen und bemerkt, dass Janes Augenlider flattern. „Jane, hörst du mich?“, flüstert sie mit belegter Stimme. „Kann ich noch irgendetwas für dich tun? Hast du noch einen Wunsch?“ Ein gequältes Seufzen entfährt Janes Lippen. „Nichts als den Tod.“[158]

Cassandras Herz zerbricht in tausend Stücke. Aber sie kann den Wunsch ihrer Schwester gut nachempfinden. Seit 48 Stunden liegt sie nun schon so da, den Kopf rastlos hin- und herbewegend. Alle Hoffnung auf Heilung, die sie nach Winchester getrieben hat, ist verloren. Auch Mr Lyford, Chirurg des Hospitals, kann ihr nicht mehr gegen die Schwäche, das anhaltende Fieber und die Bauchschmerzen helfen.[159]

Auch wenn ich mir nicht vorstellen kann, ohne meine geliebte Schwester zu leben, grübelt Cassandra traurig, *so hoffe ich doch, Jane hat es bald geschafft und wird von ihrem Leiden erlöst.*

„Gott gebe mir Geduld. Bete für mich, ach, bete für mich"[160], kommt es da von der Sterbenden. Cassandra streicht noch einmal über Janes Wange. „Natürlich, meine Liebe, das tue ich." Sie greift nach dem *Book of Common Prayer,* das wie gewohnt auf dem Nachttischchen ihrer Schwester liegt, und schlägt es auf.

Bestimmt nicht zum ersten Mal ist Cassandra an jenem 18. Juli des Jahres 1817 für dieses Gebetbuch dankbar, das den Gläubigen der Anglikanischen Kirche ein wertvoller Schatz ist. Es enthält Morgen- und Abendgebete, das Vaterunser, aber auch Texte für Taufen, Trauungen, Krankenbesuche und Bestattungen und findet bis heute Verwendung. Ich bin mir sicher, dass es Cassandra in den schweren Stunden Worte schenkte, die sie selbst nicht finden konnte. Zu sehr waren ihr Herz und ihre Gedanken von der Situation gefangen.

Wie oft und gerne hat auch Jane in diesem Buch geblättert, darin gelesen und die Gebete nachgesprochen, manchmal auch nur geflüstert oder in Gedanken mitgebetet. Nun liest Cassandra ihr zum letzten Mal daraus vor und bittet Gott, ihr Geduld zu schenken und das Leiden zu verkürzen.

Wie gut, dass es verschriftlichte Gebete gibt. In meinem Leben gab es schon einige Momente, in denen ich auf Gebete, die in Büchern abgedruckt waren, zurückgegriffen habe. Manchmal war auch ein Psalm aus der Bibel mein Rettungsanker.

Als mein Vater vor wenigen Jahren im Sterben lag, besuchte uns eine Freundin aus der Gemeinde. Ich selbst konnte an diesem Abend keine Gebete sprechen, aber sie las ihm (und auf diese Weise auch uns Familienmitgliedern) Psalmen aus der Bibel vor.

Das brachte eine Ruhe in den Raum, die ich nur schwer beschreiben kann. Mein Herz und meine Seele fühlten sich plötzlich leichter an, während ich der Freundin zuhörte und hoffte, dass ihre Worte auch Zugang zu meinem Vater fänden. Aber selbst wenn er sie nicht mehr vernommen haben sollte, haben sie uns durch diese Stunden und auch durch die Zeit danach getragen.

Trotz allem hatte ich ein schlechtes Gewissen, weil ich in der Situation nicht beten konnte. Diese Selbstvorwürfe begleiteten mich einige Jahre, hatten mich auch schon vor dem Tod meines Vaters geplagt, wenn mir in schwierigen Momenten die Worte gefehlt hatten und ich zu erschöpft, zu ratlos, zu verzweifelt gewesen war, um Gebete an Gott zu richten. Aber war Gott deshalb tatsächlich böse auf mich? Müssen wir beten, damit Gott glücklich und zufrieden mit uns ist? Diese Fragen beschäftigten mich eine lange Zeit.

Es war eine echte Erleichterung, als ich den folgenden Bibelvers aus Römer 8,26 entdeckte: „Der Heilige Geist hilft uns in unserer Schwäche. Denn wir wissen ja nicht einmal, worum oder wie wir beten sollen. Doch der Heilige Geist betet für uns mit einem Seufzen, das sich nicht in Worte fassen lässt" (NLB).

Ist das nicht eine große Entlastung? Wenn wir nicht in der Lage sind zu beten, tritt der Heilige Geist für uns ein. Er kennt unsere Not und unsere Gedanken, er sieht die Gebete, die in uns schlummern und nicht an die Oberfläche kommen wollen, und trägt sie vor Gottes Thron. Sich das vor Augen zu führen, hat etwas sehr Tröstliches, finde ich. Und ist es nicht eine geniale Lösung, die Gott sich da für uns hat einfallen lassen? Du siehst: Er ist nicht böse oder unzufrieden mit uns, wenn wir keine Worte fürs Gebet finden; er hat sogar großes Verständnis dafür und „hilft uns in unserer Schwäche".

Aus der Situation am Totenbett meines Vaters habe ich gelernt: Ich darf mir nahestehende Personen darum bitten, für mich und meine Situation zu beten. Genau wie Jane sich von Cassandra Gebet gewünscht hat, weil sie es selbst nicht mehr schaffte. Wenn jemand an meiner Stelle für mich vor Gott eintritt, kann ich diese Gebetsunterstützung oft richtig spüren. Es fühlt sich dann an, als würde eine Art Netz um mich herum gesponnen, das mich schützt und trägt.

Solch ein Netz möchte ich jetzt auch um dich herumspannen und für dich beten:

Himmlischer Vater, du siehst die Situation meiner Leserin. Du weißt, durch welche Tiefen sie gerade geht, welche Sorgen und Ängste sie niederdrücken und wie herausfordernd das Aushalten ist. Ich danke dir, dass du uns den Heiligen Geist geschenkt hast, der stellvertretend für meine Leserin bereits zu dir gesprochen hat. Danke, dass du das Gebet erhörst. Dass du sie begleitest, ihr Geduld und Hoffnung schenkst und sie spüren lässt, dass du ihr nahe bist. Amen.

Psalm 23

Eine Familie, die sich regelmäßig gemeinsam zum Gebet versammelt, ist etwas Schönes.

Jane Austen, „Mansfield Park“

29

Freundschaft

Ich habe einen Schatz verloren, eine unübertreffliche Schwester und Freundin. Sie war die Sonne meines Lebens, sie versüßte mir jede Freude, besänftigte jeden Kummer. Nicht einen Gedanken verbarg ich vor ihr, und mir ist, als hätte ich einen Teil meiner selbst verloren.[161]

Cassandra, Jane Austens ältere Schwester, zwei Tage nach Janes Tod in einem Brief an ihre Nichte Fanny

Was für eine zutiefst bewegende Liebeserklärung diese Zeilen sind. Sie erzählen uns von einer besonders innigen Verbindung zwischen diesen beiden Schwestern! Durch Briefe, die Jane an ihre Schwester Cassandra schrieb, wissen wir, dass sie sich während kurzer Trennungen oft schrieben – zum Beispiel weil Cassandra zu Verwandten gerufen wurde, wenn Geburten anstanden oder um die Familien nach Todesfällen zu unterstützen. Sie erzählten sich, was in ihrem Alltag passierte: Bälle, Besuche, Geschehnisse innerhalb der Familie, was sie gerade lasen …

Ihre schwesterliche Liebe war tief – und ging sogar bis über den Tod hinaus. Cassandra kümmerte sich nach Janes

Tod darum, dass nie jemand die wertvollen Briefe ihrer Schwester würde lesen können. Sie vernichtete die meisten von ihnen und nahm so den Verlust vieler wertvoller Erinnerungen in Kauf, um private Details vor der Öffentlichkeit zu schützen. Was für eine Selbstlosigkeit!

Und Jane? Sie bewies ihre Liebe darin, dass sie Cassandra einen Großteil ihres Besitzes in ihrem Testament vermachte: „Ich, Jane Austen aus der Pfarrei Chawton, hinterlasse kraft dieses meines letzten Willens und Testamentes alles, was ich bei meinem Tod besitze oder was nach Abzug der Kosten für meine Bestattung übrig bleibt, meiner liebsten Schwester Cassandra Elizabeth."[162]

Sicher ist es auch kein Zufall, dass es in Janes erstem Roman „Verstand und Gefühl" um ein Schwesternpaar geht: die Dashwood-Schwestern Elinor und Marianne. „Sie war ein hochherziger Mensch, liebevoll von Natur, mit starken Empfindungen, aber sie wusste sich zu beherrschen ..."[163] So beschreibt Jane Austen Elinor, die ältere der beiden Schwestern. Klingt das nicht beinahe wie eine Liebeserklärung an Cassandra? Diese war nämlich dafür bekannt, dass sie wie Elinor ihre Gefühle oft zurückhielt. Marianne wird ebenfalls als gefühlvoll und gescheit, aber in allem überspannt[164] beschrieben. „Ihr Schmerz und ihre Freude kannten kein Maß. ... sie war alles – außer besonnen."[165]

Ähnliche Charaktereigenschaften finden wir auch bei den beiden ältesten Bennet-Schwestern in „Stolz und Vorurteil". Jane ist ruhig und besonnen, die jüngere, Elizabeth, trägt ihr Herz auf der Zunge und hat zudem eine Vorliebe für Spaziergänge (wie Jane Austen).

Ob bei Marianne und Elizabeth auch ganz viel von Jane Austen selbst durchschimmert? Viele vermuten es und ich kann es mir ebenfalls gut vorstellen. Bei meinen beiden Töchtern habe ich jedenfalls eine ähnliche Verteilung der

Charaktere entdeckt. Und so wie meine Töchter sich trotz großer Unterschiede supergut verstehen, konnten auch die beiden Austen-Schwestern ohne einander nur schwer auskommen. Ihre Mutter sagte über die beiden einmal: „Würde Cassandra der Kopf abgehackt, ließe Jane ihn sich auch abhacken."[166] Wenn sie nicht gerade durch Reisen und Besuche bei Freunden und Verwandten voneinander getrennt waren, teilten sie sich sogar (aus räumlichen und finanziellen Gründen) ein Schlafzimmer und ein Bett. Perfekt, um nachts heimlich zu tuscheln und in jungen Jahren die Eltern so manches Mal in den Wahnsinn zu treiben!

Eine ebenso innige Freundschaft, die an Bruderschaft grenzte, ist schon in der Bibel zu finden. Der Hirte David und der Königssohn Jonatan teilten jedes Geheimnis, gingen durch dick und dünn und waren verbunden durch Gott. In der Bibel steht in 1. Samuel 18,3: „Und Jonatan schloss mit David einen Bund, denn er hatte ihn lieb wie sein eigenes Leben" (LUT). Jonatan rettete David sogar das Leben und zog damit den tödlichen Zorn seines Vaters König Saul auf sich.

Enge, liebevolle Beziehungen unter Schwestern oder guten Freundinnen und Freunden sind also nicht nur wichtiger Bestandteil von Janes Austens Romanen, sondern auch ein großes Thema in der Bibel.

Nicht jede von uns kann eine leibliche Schwester vorweisen, aber eine gute Freundin, mit der man durch dick und dünn gehen kann, ist mindestens genauso wertvoll. Hast du auch so eine enge Freundschaft? Eine Person, mit der du dich immer, zu jeder Zeit, über alles austauschen kannst, Freude, Leid und Lasten teilst? Mit der du gemeinsam beten und in der Bibel lesen kannst? Mit der du durch den Heiligen Geist verbunden bist? Ich glaube, dass solche innigen Beziehungen besonders gesegnet sind. Sie helfen uns, Gottes Willen zu erkennen und als Menschen zu reifen: „Wie man Eisen durch Eisen schärft, so schärft ein Mensch den Charakter des anderen", heißt es in Sprüche 27,17 (Hfa).

Nach einer solchen Freundschaft habe ich mich vor einigen Jahren sehr gesehnt. Ich hatte zu dem Zeitpunkt zwar Freundinnen, aber sie waren alle weggezogen und lebten nicht mehr in meinem näheren Umkreis. Manchmal braucht man aber mal jemanden, mit dem man sich spontan treffen und austauschen kann. Ich weiß nicht, warum ich so lange brauchte, um mich in dieser Sache an Gott zu wenden. Eines Tages war die Sehnsucht nach einer Freundin, die in meiner Nähe wohnt, so groß, dass ich Gott bat, mir jemanden zu zeigen. „Du weißt, wer passt", sagte ich voller Vertrauen zu ihm. Ein paar Wochen später traf ich auf dem Spielplatz Sylwia, die ich vom Sehen her schon aus unserer Gemeinde und aus dem Kindergarten unserer Kinder kannte. Seitdem hat Gott eine richtig tiefe Freundschaft entstehen lassen, in der wir uns ermunternde WhatsApp-Nachrichten schicken, uns anrufen oder treffen, wenn wir spüren, dass die andere es gerade braucht. Durch Gott sind wir eng verbunden und es kommt nicht selten vor, dass wir von seinem Timing überrascht sind.

Wenn du bisher solch eine besondere Freundschaft vermisst hast, bitte Gott doch ebenfalls, dir einen Menschen zu zeigen. Lass dich überraschen, was sich daraus entwickelt! Und wenn er dir dann jemanden gezeigt hat, hab keine Scheu davor, mit dieser Person offen über deine Gefühle und Gedanken zu sprechen. Denn das ist das A und O echter Gemeinschaft: keine Geheimnisse voreinander zu haben, auch über negative Erfahrungen und Gedanken zu sprechen. Jane und Cassandra haben uns vorgelebt, wie so eine enge Beziehung funktioniert: mit viel Annahme, Vertrauen, Akzeptanz und miteinander Lachen!

Ich kann nicht begreifen,
wie man Menschen
nur halbherzig liebt,
das liegt mir einfach nicht.
Wenn ich Freundschaft schließe,
dann ganz oder gar nicht.

Jane Austen, „Kloster Northanger“

Du kannst auch eine tiefe, echte und bedingungslose Freundschaft mit Jesus führen – er wünscht sich das sogar! In Johannes 15,12-17 kannst du nachlesen, wie Jesus uns seine Freundschaft vorlebte und welchen Tipp er für uns hat.

30 Trauer

Edward hatte schon einige Wochen in ihrem Haus verbracht, bevor er Mrs Dashwood überhaupt auffiel, denn sie war zu der Zeit so von ihrer Trauer in Anspruch genommen, dass sie ihre Umwelt kaum zur Kenntnis nahm. Sie sah nur, dass er still und unaufdringlich war, und das machte ihn ihr sympathisch. Er störte sie in ihrer unglücklichen Verfassung nicht durch Unterhaltungen zur falschen Zeit. Sie wurde zum ersten Mal durch eine Bemerkung, die Elinor [Mrs Dashwoods Tochter] eines Tages zufällig über den Unterschied zwischen ihm und seiner Schwester machte, veranlasst, ihm Aufmerksamkeit und weitere Anerkennung zu schenken. Es war ein Gegensatz, der ihm Mrs Dashwoods ungeteilte Sympathie gewann.[167]

Mrs Dashwood in „Verstand und Gefühl"

Der Roman „Verstand und Gefühl" beginnt mit einem traurigen Ereignis: Mr Dashwood, Mrs Dashwoods Ehemann und Vater von Elinor, Marianne und Margaret, stirbt unerwartet und viel zu früh. Sein Sohn John aus erster Ehe schafft es gerade noch, an sein Sterbebett zu eilen. Er lässt sich von seinem Vater das Versprechen abringen, für seine Stiefmutter und Halbschwestern zu sorgen.

Kaum ist der geliebte Ehemann und Vater unter der Erde, macht sich Johns Ehefrau in Norland Park, dem Zuhause der Dashwoods, breit. Sie nimmt nicht im Geringsten Rücksicht auf die Trauernden und beansprucht das schöne Essgeschirr für sich. Außerdem beginnt sie, ihren Ehemann (den Haupterben) in Bezug auf die zugesagte finanzielle Unterstützung seiner Stiefmutter und seiner Stiefschwestern runterzuhandeln. Ein Schlag für die ohnehin gebeutelte Mrs Dashwood.

Während der nächsten Monate versucht die Witwe, sich von ihrer Trauer zu erholen. Als Edward, der Bruder von Johns Ehefrau, für ein paar Tage in Norland Park weilt, beobachtet sie, dass Edward und ihre älteste Tochter Elinor zarte Bande knüpfen. Das schenkt ihr neue Hoffnung und sie kann ihren Blick wieder in die Zukunft richten: Wird es bald eine Hochzeit geben?

Ähnlich schnell wie Mr Dashwoods Tod ging auch der von William George Austen vonstatten. Und ich habe die Vermutung, dass Jane Austen in „Verstand und Gefühl“ den Tod ihres eigenen Vaters verarbeitet hat. Er starb sechs Jahre, bevor ihr erstes Buch erschien, in Bath. Nur eine kurze Zeit litt er an hohem Fieber, dann verstarb er innerhalb kürzester Zeit.

Leider bekam Janes Bruder Francis keine Gelegenheit mehr, sich von seinem Vater zu verabschieden, und so musste Jane ihren Bruder per Brief über den Tod des geliebten Vaters informieren. Das war bestimmt nicht einfach. Schon eine Beileidskarte zu verfassen, lässt mich um die richtigen Worte ringen. Wie viel schwerer muss es sein, ein Familienmitglied vom Tod eines Angehörigen zu unterrichten …

Aber Jane fand sehr liebevolle und passende Worte: „So schwer der Schlag auch ist, wir sind uns schon jetzt bewusst, dass uns tausenderlei Trost bleibt, um ihn zu lindern. Neben der Überzeugung von seinem Wert und seiner ständigen Vorbereitung auf das Jenseits ist die Erinnerung an sein Leiden vergleichsweise gering."[168] Eine bewundernswerte Haltung, oder? Jane fand offenbar vieles, was ihr Trost schenkte, und ihre Trauer wurde auch dadurch abgemildert, dass sie ihren Vater nun bei Gott in der Ewigkeit wusste. Das gab ihr Hoffnung. Wie Mrs Dashwood richtete sie den Blick in die Zukunft, auf das, was noch kommen würde.

Ob Mrs Dashwood – wie in der schönen BBC-Verfilmung von 2008 – gemeinsam mit ihren Töchtern hinter der schwarzen, mit Blumen geschmückten und mit dem Sarg beladenen Kutsche zum Begräbnis lief? Im Roman wird diese Szene nicht beschrieben – und es ist auch eher unwahrscheinlich, dass Jane Austen sie so erzählt hätte: Zu ihrer Zeit war es unüblich, dass Frauen an Beerdigungen teilnahmen. So wissen wir auch von Jane Austens eigenem Begräbnis, dass Cassandra nur vom Fenster aus zusah, wie der Sarg mit ihrer geliebten Schwester in einem Trauerzug zur Kathedrale von Winchester gebracht wurde[169].

Dass Frauen bei Beerdigungen damals nicht anwesend waren, hatte verschiedene Gründe. Man behauptete zum Beispiel, Frauen seien zu zart besaitet und ihr Weinen würde die anderen Anwesenden stören.[170] Im Hinblick auf die Trauerverarbeitung war das bestimmt nicht leicht für Cassandra und die anderen vielen Frauen, denen die Anwesenheit bei der Bestattung verwehrt wurde!

Glücklicherweise ist das mittlerweile kein Problem mehr. Wenn ich mir vorstelle, ich hätte bei der Beerdigung meines Vaters nicht dabei sein oder nicht weinen dürfen – das wäre echt hart für mich gewesen! Umso mehr kann ich verstehen, warum es im 18. und 19. Jahrhundert so wichtig war, mit Kleidung in Schwarz oder anderen gedeckten Farbtönen der Trauer Ausdruck zu verleihen.

Nach dem Tod eines Familienmitglieds war es Sitte, eine bestimmte Zeit Trauer zu tragen. Aus dem Briefwechsel zwischen Jane Austen und ihrer Schwester wissen wir, dass sie sich beispielsweise nach dem Tod ihrer Schwägerin Elizabeth (und mit Sicherheit auch nach dem Tod ihres Vaters) ihre Kleidung dunkler färbten und ihre Hauben mit einem Trauerschleier oder schwarzen Bändern versahen. Sie konnten sich nicht jedes Mal neue Kleidung beim Schneider kaufen, wie es die Reichen taten.[171]

In biblischen Zeiten wurde noch mal auf andere Weise getrauert. Frauen beweinten (oftmals lautstark) den Tod des Verstorbenen, wie wir in Johannes 11,33 nachlesen können. Wie Jakob um seinen Lieblingssohn Josef trauerte, als er die schreckliche Nachricht von den zehn älteren Söhnen erfahren hatte, wird in 1. Mose 37,34-35 beschrieben:

„Er zerriss sein Oberkleid, band sich einen Sack um die Hüften und trauerte lange Zeit um seinen Sohn. Alle seine Söhne und Töchter kamen, um ihn zu trösten, aber er wollte sich nicht trösten lassen. ‚Nein', wehrte er ab, ‚ich werde um meinen Sohn trauern, bis ich voll Kummer zu ihm in die Totenwelt hinabfahre.' Und so weinte er weiter um seinen Sohne." Das eigene Kind zu verlieren, stelle ich mir richtig schlimm vor! Dafür gibt es keine Worte. Verständlicherweise trauert Jakob sehr heftig. Und sehr lange.

Es fließt viel Wasser den Nil hinunter, Jahrzehnte gehen ins Land. Was Jakob die ganze Zeit nicht weiß: Sein Sohn Josef lebt noch! Seine eifersüchtigen zehn Söhne haben Josefs Tod nur vorgetäuscht und ihn nach Ägypten verkauft, wo er zunächst als Sklave dient. Nach einigen Ups und Downs erlangt Josef viele Jahre später Ansehen beim Pharao und wird dessen Stellvertreter. Und er macht seine Sache sehr gut: Während eine anhaltende Dürre in Ägyptens Nachbarländern für eine schlimme Hungersnot sorgt, haben die Ägypter genug zu essen. Auf Josefs Rat hatten sie die Kornspeicher in den vorangegangenen Jahren überreichlich aufgefüllt.

Nun wird die Not auch bei Josefs Familie so groß, dass sich seine Brüder auf den Weg nach Ägypten machen, um sich mit Getreide zu bevorraten. Dort treffen sie auf Josef, ohne zu ahnen, dass es sich um ihren Bruder handelt. Josef stellt sie auf die Probe: Er behauptet, sie seien Spione, und weigert sich, ihnen Getreide zu geben. Seine Brüder betteln darum, dass er ihnen glauben möge. Um ihre Vertrauenswürdigkeit zu prüfen, fordert er sie auf, nach Hause zurückzukehren und Benjamin, den jüngsten Bruder, zu ihm nach Ägypten zu bringen. Als „Pfand" behält er einen der anderen Brüder, Simeon, als Gefangenen bei sich.

Mit seiner List will Josef herausfinden, ob seine Brüder sich verändert haben. Gehen sie mit Benjamin, dem „neuen" Lieblingssohn des Vaters, genauso mies um wie mit ihm? Sind sie immer noch so eifersüchtig und womöglich bereit, Benjamin etwas Schlimmes anzutun, wie sie es einst bei ihm getan haben?

Zu seiner Erleichterung erlebt Josef seine Brüder stark verändert. Sie machen sich sogar Sorgen um ihren Vater Jakob und sind nicht gewillt, Benjamin einfach so an einen hohen Beamten des Pharaos auszuliefern. Aber wegen ihres Bruders Simeon bleibt ihnen nichts anderes übrig, als zu den Zelten ihres Vaters zurückzukehren.

Kaum sind die neun Brüder bei Jakob angekommen, erzählen sie ihm von Josefs Bedingung. Der noch immer trauernde Jakob sträubt sich mit Händen und Füßen: „Mein Sohn Benjamin kommt nicht mit euch nach Ägypten! Sein Bruder

Josef ist tot, und nur er ist mir von Rahels Söhnen noch geblieben. Ich bin ein alter Mann, und wenn ihm unterwegs etwas zustößt, wird mich der Kummer ins Grab bringen" (1. Mose 42,38 NGÜ). Doch irgendwann wird die Hungersnot so gravierend, dass Jakob nichts anderes übrig bleibt, als alle Söhne, auch Benjamin, nach Ägypten ziehen zu lassen. Und so erhalten die Brüder das ersehnte Getreide – und nach einigen dramatischen Ereignissen endlich auch Vergebung für ihre große Schuld.

Jakobs Reaktion auf die Botschaft aus Ägypten und seine anhaltende Trauer sind heftig und ich kann sie so gut nachvollziehen! Dieses mächtige Gefühl, das wie eine Dampfwalze über einen hinwegrollt und nur verbrannte Erde übriglässt. Ein Schmerz, der so tief geht, dass er einen schier in die Knie zwingt. Das Herz, das sich lange Zeit anfühlt, als sei es mit dem Reibeisen bearbeitet worden, und man denkt, man könnte noch viele Seen mit Tränen füllen.

Trauer ist ein Prozess, der von Mensch zu Mensch ganz unterschiedlich verläuft und ausgeprägt ist. Auch wenn es heißt, „Trauer dauert, solange sie dauert", ist sie auch ein Prozess des Loslassens. Wir lassen Stück für Stück den geliebten Menschen los und bewahren dennoch sein Andenken in unserem Herzen.

Für mich klingt Jakob allerdings nicht so, als hätte er die Trauer um seinen Sohn losgelassen – und das, obwohl inzwischen so viel Zeit vergangen ist! Nun können wir ihm zugutehalten, dass er keinen Leichnam hatte, den er beerdigen konnte, und schon einiges durchmachen musste. Bei der Geburt Benjamins starb seine geliebte Frau Rahel. Als ihm dann auch noch der gemeinsame 17-jährige Sohn Josef genommen wird, ist das Maß voll. Mehr kann sein gebeuteltes Herz nicht ertragen!

Es ist vollkommen natürlich und auch normal, einem verstorbenen Menschen nachzutrauern und ihn zu vermissen. Aber wusstest du, dass das Alte Testament (beispielsweise in Hiob 2,11-13) davon berichtet, dass die intensive Trauerzeit auf sieben Tage ab Beerdigung begrenzt werden soll?[172] [173] Wir müssen die sieben Tage nicht zwangsläufig wörtlich nehmen, denn jeder Mensch erlebt und verarbeitet Trauer auf seine eigene Weise. Dennoch glaube ich, dass es sinnvoll ist, die Trauer einzugrenzen, so wie es in Prediger 3,1+4 steht: „Alles, was auf der Erde geschieht, hat seine von Gott bestimmte Zeit", auch „weinen ... lachen, wehklagen" (GNB).

Als Jakob stirbt, begrenzt Josef die intensive Trauer um seinen Vater interessanterweise ebenfalls, wie wir in 1. Mose 50,10 nachlesen können. Vielleicht liegt es daran, dass er (nachdem er Jakob zu sich nach Ägypten holen ließ, um für ihn und seine Familie zu sorgen) mitbekommen hat, wie die starke und anhaltende Trauer seinen Vater depressiv und verbittert hat werden lassen. Obwohl Jakob seinen tot geglaubten Sohn wiederbekam, erzählte er dem Pharao, als er ihm vorgestellt wurde: „Mein Leben ist kurz und leidvoll im Vergleich zu dem meiner Vorfahren" (1. Mose 47,9 GNB). Das könnte mit ein Grund dafür gewesen sein, dass Josef seine Trauer begrenzte.

Genau wie Mrs Dashwood hat Josef nach einer gewissen Zeit wieder die Geschehnisse um sich herum wahrgenommen, den Blick auf das gerichtet, was ist und was in Zukunft sein könnte. Er verharrte nicht wie Jakob in seiner Trauer. Und auch die Austens igelten sich offenbar nicht in ihrer Trauer um den geliebten Vater ein. Stattdessen rückten sie näher zusammen und waren füreinander da.

In dem Brief, in dem Jane Austen ihren Bruder vom Ableben ihres Vaters unterrichtete, wünscht sie ihm und seiner Familie: „Möge der Allmächtige Euch alle stützen"[174], was für mich wie ein Gebet klingt. Zu wissen, dass andere für einen beten, während man trauert, ist sehr wertvoll, wie ich aus eigener Erfahrung weiß. Man fühlt sich auf besondere Weise getragen und es mildert tatsächlich den Schmerz.

Falls du gerade um einen geliebten Menschen trauerst, den du verloren hast, um eine wertvolle Freundschaft, die in die Brüche gegangen ist, um eine Arbeitsstelle, die du mit Hingabe ausgeübt hast, ein treues Haustier oder eine Liebesbeziehung, die gescheitert ist, sei dir gewiss: Gott trauert mit dir und ist dir ganz nahe. Er umarmt und hält dich, kennt jede deiner Tränen. Er wird dir helfen, deine Trauer zu bewältigen und den Blick auf Hoffnungsvolles zu richten. Lass dich dabei von Freunden und Verwandten unterstützen, sprich über deine Trauer und bitte sie, dich durch Gebet mit durch die Trauer zu tragen.

Wenn du selbst gerade nicht in Trauer bist, kannst du genau das tun: Trauernde im Gebet unterstützen. Nicht jedem Trauernden ist man so nah, dass einem etwas einfällt, womit man helfen kann. Gebet ist aber immer möglich. Das wusste auch Jane Austen: Sie betete „von Herzen … für den Trost und Schutz der Waisen und Witwen“[175]. Falls dir niemand einfällt, für den du momentan beten kannst, bete doch für die Notleidenden, von denen in den Nachrichten und Zeitungen berichtet wird.

1. Mose 37; Hiob 2,11-13

31

Happy End

Anne war voller Zärtlichkeit und wurde dafür voll und ganz durch Kapitän Wentworths Liebe belohnt. Nur sein Beruf ließ ihre Freunde manchmal wünschen, ihre Zärtlichkeit wäre geringer. Es war ihr ganzer Stolz, die Frau eines Seemanns zu sein, aber sie musste auch den Preis plötzlicher Sorge dafür zahlen, zu diesem Beruf zu gehören, der sich, wenn das möglich ist, durch seine häuslichen Tugenden noch mehr als durch seine nationale Bedeutung auszeichnet.[176]

Über Anne Elliot in „Überredung"

Nach achteinhalb Jahren des Wartens darf Anne Elliot endlich ihre Jugendliebe, Kapitän Wentworth, heiraten. Auch wenn ihr Vater und ihre Freundin, Lady Russell, ihr einst von einer Ehe mit Frederick Wentworth abgeraten hatten (aus finanziellen Gründen), kann sie nicht gegen ihr Herz ankämpfen, als sie ihm nach so langer Zeit wieder begegnet.

Inzwischen hat es der Kapitän zu Ruhm und wirtschaftlichem Ansehen gebracht. Bei ihrem Wiedersehen nach all den Jahren auf See ist Wentworth Anne gegenüber erst mal ziemlich kühl und auch Anne verhält sich zurückhaltend. Es kommt zu ein paar Missverständnissen zwischen den beiden; Enttäuschung und Herzschmerz sind bei Anne die Folge.

Während einer Gesellschaft bei Freunden in Bath (gegen Ende des Romans) treffen Anne und Frederick Wentworth erneut aufeinander. Anne wird von einem anderen Kapitän in ein Gespräch verwickelt, während Frederick an einem Tisch sitzt und etwas auf einen Bogen Papier schreibt. Er schreibt und schreibt, und während Anne versucht, sich auf ihren Gesprächspartner zu konzentrieren, fragt sie sich, was er da wohl zu Papier bringt.

Kurz darauf brechen die Kapitäne schon wieder auf. Anne ist enttäuscht, dass Frederick und sie kein einziges Wort miteinander gewechselt haben. Nur einen Moment nachdem er den Raum verlassen hat, kommt er unter dem Vorwand, seine Handschuhe liegen gelassen zu haben, noch einmal zurück. Mit einem „kurzen, eindringlichen und flehentlichen Blick“[177] schiebt er Anne einen Brief zu.

Lange hält Anne es natürlich nicht aus und öffnet den Brief, dessen Inhalt ihr Herz vor Glück jubeln lässt: „Ich biete Ihnen noch einmal meine Hand, mit einem Herzen, das noch mehr das Ihre ist als vor achteinhalb Jahren, als Sie es fast gebrochen hätten.“[178] Anne ist vollkommen überwältigt. Ihr Herz rast, ihre Gedanken überschlagen sich. Sie muss weg von hier, raus, an die frische Luft! Glücklicherweise begegnet sie dem Verfasser des Liebesbriefes auf dem Heimweg und kann ihm während eines Spaziergangs durch die gewundenen Straßen von Bath versichern, dass auch ihre Gefühle für ihn sich nicht geändert haben.

Hach, sind Happy Ends nicht etwas Schönes? Für mich sind sie unermesslich wichtig; ich brauche dieses Wissen, dass für die Romanfiguren alles gut ausgegangen ist, um abends beruhigt und zufrieden seufzend schlafen gehen zu können. Ein ungewisses oder trauriges Ende schenken mir keinen inneren Frieden und ich muss noch tagelang darüber nachdenken und grübeln. Ein Glück, dass Jane Austen Anne, Lizzy, Elinor und Marianne, Fanny, Catherine und Emma einen so schönen und zufriedenstellenden Ausgang ihrer Geschichten gegönnt hat.

Aber enden Jane Austens Romane wirklich in jeder Hinsicht vor Glückseligkeit triefend? Die Verfilmungen suggerieren das, aber sie lassen z. B. aus, dass Marianne in „Vernunft und Gefühl“ nicht gleichzeitig mit Elinor zum Altar schreitet. Dazwischen vergehen einige Monate, in denen Elinor schon mit ihrem geliebten Pfarrer verheiratet ist. Damals bedeutete das aber, dass die beiden ihr Leben lang finanziell knapp bei Kasse sein würden. Und während Marianne sich ihrer Gefühle klar werden muss, wird mancher familiärer Zwist bereinigt (und mancher auch nicht).

In „Stolz und Vorurteil“ scheint eine Versöhnung mit Lady Catherine de Bourgh zunächst nicht absehbar zu sein. Elizabeth schnappt deren Tochter den Auserkorenen weg, was für ordentlich Missstimmung zwischen der Lady und Mr Darcy sorgt. Erst ganz am Ende lässt sich Darcy dazu überreden, ihr zu vergeben – auch wenn die beiden sicher nie beste Freunde sein werden.

Auch Fanny Price’ Happy End in „Mansfield Park“ bahnt sich erst nach einer langen Zeit an, in der sie sich in Geduld üben muss. Genauso wie Catherine Morlands in „Northanger Abbey“, allerdings lässt Jane Austen den Leser nicht ganz so lange zappeln, bis sie ihren Protagonisten ihr ersehntes Glück schenkt. Ja, und auch für Anne aus „Überredung“ gibt es einen Wermutstropfen: Sie wird immer um ihren Ehemann bangen müssen, wenn er auf See ist. Du siehst: Ein gewisser Realismus bleibt trotz aller Romantik erhalten und

Jane Austen erlaubt uns einen Blick auf das Leben nach dem „Happy End".

Auch die Bibel schenkt uns – unter anderem in der Offenbarung – den Blick auf ein Happy End. Hier steht allerdings nicht das romantische Liebesglück im Vordergrund, sondern das, was uns nach unserem Lebensende erwartet, wenn wir zu Jesus Christus gehören: ein neues Leben, das wir in Gottes Gegenwart verbringen dürfen – in der ewigen Herrlichkeit.

Die Ewigkeit bei Gott – das klingt vielleicht erst mal wahnsinnig langweilig. In der Bibel gibt es vor allem im letzten Buch jedoch einige Beschreibungen, die uns die Ewigkeit „schmackhaft" machen: Wir werden in der „Goldenen Stadt" leben, welche aus reinem Gold besteht und durch die eine breite Straße führt, die ebenfalls aus Gold ist und durchscheinend wie Kristall. Die Stadt wird von mächtigen, hohen diamantenen Mauern umgeben sein. Es gibt einen Fluss, der beim Thron Gottes entspringt und Wasser des Lebens enthält. Am Ufer wächst der Baum des Lebens, der zwölfmal im Jahr Früchte trägt und geerntet wird.

Es werden keine Sonne und kein Mond mehr nötig sein; es gibt keine Nacht mehr, denn Gottes Herrlichkeit erleuchtet alles. Und wir werden – sofern wir in unserem irdischen Leben an Gott geglaubt und unser Leben nach ihm ausgerichtet haben – Bewohner dieser Stadt sein und Gott von Herzen gern dienen und ihn anbeten. Auch essen und trinken werden wir dort. Ich denke, uns wird bestimmt nicht langweilig werden!

In Johannes 14,2 kündigt Jesus außerdem an: „Im Haus meines Vaters gibt es viele Wohnungen. Wenn es nicht so wäre, hätte ich dann etwa zu euch gesagt, dass ich dorthin gehe, um einen Platz für euch vorzubereiten?"

In dieser Erwartung schien auch Jane Austens Schwester

Trost zu finden: „Ihre kostbare Seele, so wage ich zu hoffen, wird an einem höheren Ort zur Ruhe finden. Möge die meine eines Tages mit ihr vereint werden“[179], schrieb Cassandra nach Janes Tod an ihre Nichte Fanny. Endlich wieder mit ihrer Schwester vereint sein, eine Wohnung miteinander teilen – herrlich! Es wird in der Ewigkeit zwar keine verwandtschaftlichen Verhältnisse mehr geben wie in unserem jetzigen Leben, aber wir werden uns mit Sicherheit freuen, lieb gewonnene Menschen wiederzusehen.

Und wie cool wäre es, wenn wir dort nicht nur Petrus, Maria, Ruth und andere biblische „Berühmtheiten“ treffen würden, sondern auch Jane Austen? Denn auch das ist ein Ausblick, den Jesus uns gab: „Viele werden kommen, aus Ost und West, und zusammen mit Abraham, Isaak und Jakob in Gottes neuer Welt zu Tisch sitzen“ (Matthäus 8,11 GNB).

Ist das Wissen um die Ewigkeit, das Leben in Gottes Gegenwart ohne Leid, Kummer, Schmerzen, ein Happy End ohne Wenn und Aber nicht etwas, worauf es sich hinzuleben lohnt? Für mich auf jeden Fall! Und eines ist sicher: Ich werde Jane Austen dann mit Fragen bombardieren. Zum Beispiel, welche Happy Ends sie in ihren unvollendeten Romanen Emma Watson („Die Watsons“) oder Charlotte Heywood („Sanditon“) zugedacht hat; was sie empfunden hat bei der Veröffentlichung ihres ersten Romans oder welche ihrer Romanfiguren ihr am ähnlichsten ist …

Ist die Freude auf ein Leben in Gottes ewiger Herrlichkeit in deinem Herzen verwurzelt? Wie könntest du deine Vorfreude steigern? Und welche Fragen würdest du Jane Austen stellen, wenn du ihr im Himmel begegnest?

Offenbarung 21+22

Nachwort & Dank

Es gab immer mal Menschen in meinem Leben (unter anderem meine Mama), die meinten, ich würde bestimmt einmal Autorin werden. Und ich habe immer geantwortet, dass das totaler Quatsch ist. Als Buchhändlerin habe ich sehr gerne Autoren und Autorinnen unterstützt, aber mich selbst habe ich nie als solche gesehen. Bis ich im September 2020 eine „verhängnisvolle" E-Mail erhielt, die meine Welt ziemlich durcheinandergeschüttelt hat.

Als ich sie las, habe ich genauso ungläubig gelacht wie Abrahams Ehefrau Sara, die im hohen Alter die Zusage Gottes erhielt, dass sie ein Kind zur Welt bringen würde. Wären nicht meine Lektorin Konstanze, mein Ehemann und meine engsten Freundinnen davon überzeugt gewesen, dass ich die Fähigkeit habe, ein Buch zu verfassen, hätte ich dieses Buchprojekt wohl direkt abgelehnt. Tja, und nun bin ich es doch geworden – eine Autorin und „Mama" eines Buchbabys. Ich kann es immer noch nicht so recht glauben!

Dass es ein ziemlich wilder Ritt war, dieses Buch zu schreiben, muss ich euch wohl nicht erzählen. Viele Herausforderungen galt es während des Schreibprozesses zu bewältigen: eine Pandemie, Homeschooling, gesundheitliche Probleme, der Tod meiner Oma, die Sorge, es nicht zu schaffen, und einiges mehr. Ohne Gottes unendliche Geduld mit mir und die vielen Freunde und Gemeindemitglieder, die für mich gebetet haben, hätte ich den Schreibprozess wohl nicht überstanden. Ich kann leider nicht jeden einzeln nennen, aber ich danke euch allen von ganzem Herzen!

Auch ohne die Unterstützung meines lieben Ehemannes Daniel hätte es „Mit Herz und Verstand" sicherlich nicht auf den Buchmarkt geschafft. Danke, dass du mir immer wieder mit Rat und Tat zur Seite gestanden hast mit deinem umfassenden Bibelwissen und IT-Know-how, dass du unsere Töchter abgelenkt und immer wieder dafür gesorgt hast, dass ich auch mal zur Ruhe komme; meine Krisen hast du mit Geduld ertragen, dafür solltest du einen Orden bekommen!

Danke meiner tollen Lektorin Konstanze von der Pahlen, die mir immer wieder Ideen und Inspirationen lieferte und meinen Andachten den Feinschliff gegeben hat! Ihr und dem Team des Brunnen Verlags danke ich, dass sie mir dieses Buchprojekt zugetraut und es veröffentlicht haben!

Ein herzliches Dankeschön gilt meinen Freundinnen Bine, Jessi, Maria, Simone und Sylwia, die mir zugehört und mich ermuntert haben, wenn ich mich mal ausjammern musste.

Danke allen Buchhändlern und Buchhändlerinnen, die in meinem Buch so viel Potenzial sehen, dass sie es in ihr Sortiment aufgenommen haben – ich weiß, dass das nicht selbstverständlich ist.

Last, but not least danke dir, liebe Leserin, dass du dir mein Buch gekauft und es gelesen hast. Ich hoffe, du konntest an Jane Austens Seite neue Impulse für deinen Glauben und vielleicht auch ein paar neue Erkenntnisse über sie hinzugewinnen. Vielleicht lesen wir uns ja bald wieder. Auf Instagram, Lovelybooks oder, wer weiß, vielleicht in einem anderen Buch.

Quellenangaben

Zitat S. 16 und 65: Jane Austen, Die sechs Romane: Mansfield Park (Ditzingen, Reclam Verlag, 2015, E-Book).

Zitat S. 23: Jane Austen, Stolz und Vorurteil (Stuttgart: Reclam Verlag, 2015), S. 5.

Zitat S. 41: Jane Austen, Die Watsons/Lady Susan/Sanditon. Die unvollendeten Romane (Ditzingen: Reclam Verlag, 2016, E-Book), S. 144.

Zitat S. 130: Jane Austen, Die sechs Romane: Stolz und Vorurteil (Ditzingen, Reclam Verlag, 2015, E-Book).

Zitat S. 170: Jane Austen, Mansfield Park (München: btb, 2011), S. 93.

Zitat S. 175: Jane Austen, Die sechs Romane: Kloster Northanger (Ditzingen, Reclam Verlag, 2015, E-Book)

Endnoten

1 Irene Collins/Jane Austen, The Parson's Daughter (New York: Hambledon Continuum, 2007), S. xi. Übersetzt von der Autorin.

2 Rebecca Ehrenwirth/Nina Lieke, By a Lady – Das Leben der Jane Austen (Darmstadt: Lambert Schneider, 2017), S. 30–31.

3 Jane Austen, Ich bin so gütig, Dir wieder zu schreiben. Briefe (Ditzingen: Reclam Verlag, 2016, E-Book), S. 113.

4 https://www.kath.net/print/55751, zuletzt aufgerufen am 04.10.2021.

5 Jane Austen, „Ich bin voller Ungeduld". Briefe an Cassandra, aus dem Englischen von Ursula Gräfe (Frankfurt am Main/Leipzig: Insel Verlag, 2009), S. 51.

6 Valerie Grosvenor Myer, Jane Austen. Ein Leben (Frankfurt am Main: S. Fischer Verlag, 1998), S. 118.

7 https://www.deutschlandfunk.de/england-auf-den-spuren-von-jane-austen.1242.de.html?dram:article_id=331623, zuletzt aufgerufen am 27.11.2020.

8 Myer, Jane Austen, S. 120.

9 Eine lange Aneinanderreihung von Häusern, ähnlich Reihenhäusern und sehr berühmt in Bath.

10 Austen, Ich bin so gütig, Dir wieder zu schreiben, S. 76.

11 Myer, Jane Austen, S. 116.

12 Jane Austen, Die sechs Romane: Emma, Kloster Northanger, Mansfield Park, Stolz und Vorurteil, Überredung, Verstand und Gefühl (Ditzingen, Reclam Verlag, 2015, E-Book).

13 Austen, Die sechs Romane: Stolz und Vorurteil.

14 Ebd.

15 Austen, Ich bin so gütig, Dir wieder zu schreiben, S. 12.

16 Ebd., S. 172.

17 Austen, Die sechs Romane: Emma.

18 Austen, Ich bin so gütig, Dir wieder zu schreiben, S. 43.

19 Austen, Die sechs Romane: Emma.

20 Jane Austen, Stolz und Vorurteil (Stuttgart: Reclam Verlag, 2015), S. 440.

21 Jane Austen, Stolz und Vorurteil (Frankfurt am Main: Insel Verlag, 1985), S. 402.

22 Ebd., S. 70.

23 https://www.refinery29.com/de-de/vergebung-gut-fuer-gesundheit-vorteile, zuletzt aufgerufen am 04.10.2021.

24 Austen, Die sechs Romane: Emma.

25 Austen, Stolz und Vorurteil (Reclam, 2015), S. 186.
26 Ebd., S. 187.
27 Ebd., S. 190.
28 Ebd., S. 183.
29 Ebd.
30 Dinner mit Jane Austen (Ostfildern: Jan Thorbecke Verlag, 2020), S. 8–9.
31 Austen, Ich bin so gütig, Dir wieder zu schreiben, S. 105.
32 Austen, „Ich bin voller Ungeduld“, S. 30.
33 Austen, Ich bin so gütig, Dir wieder zu schreiben, S. 117.
34 Ebd., S. 201.
35 Ebd., S. 158.
36 https://www.gartenzauber.com/wie-sich-die-briten-in-den-tee-verliebten/, zuletzt aufgerufen am 04.10.2021.
37 https://www.teatimemagazine.com/the-tea-things-of-jane-austen/3/, zuletzt aufgerufen am 04.10.2021.
38 Austen, Die sechs Romane: Emma.
39 Ebd., Mansfield Park.
40 Ebd.
41 https://janeausten.co.uk/blogs/regency-history/jane-austen-nuncheon, zuletzt aufgerufen am 07.08.2021.
42 Rachel Dodge, Praying with Jane. 31 Days through the Prayers of Jane Austen (Minneapolis, Bethany House Publishers, 2018), S. 14. Übersetzt von der Autorin.
43 Margaret Anne Doody/Douglas Murray (Hrsg.), Jane Austen: Catharine and Other Writings (Oxford: Oxford University Press, 1998). Übersetzt von der Autorin.
44 Austen, Die sechs Romane: Mansfield Park.
45 Ebd.
46 Austen, Die sechs Romane: Stolz und Vorurteil.
47 Austen, Die sechs Romane: Emma.
48 Jane Austen, Die Watsons/Lady Susan/Sanditon. Die unvollendeten Romane (Ditzingen: Reclam Verlag, 2016, E-Book), S. 195.
49 Austen, Die sechs Romane: Mansfield Park.
50 Ebd.
51 Jane Austen, Emma (Zürich: Diogenes, 1991), S. 378.
52 Austen, Die sechs Romane: Mansfield Park.
53 Ebd.
54 Solltest du allerdings schon länger mit Hoffnungslosigkeit kämpfen, ist es wahrscheinlich ratsam, dir ärztliche Hilfe zu suchen.
55 Austen, Die sechs Romane: Stolz und Vorurteil.

56 Jane Austen, Die Watsons/Lady Susan/Sanditon. Die unvollendeten Romane (Stuttgart: Reclam, 2017), S. 163.

57 Austen, Die sechs Romane: Mansfield Park.

58 Austen, Stolz und Vorurteil (Reclam, 2015), S. 5.

59 Austen, Ich bin so gütig, Dir wieder zu schreiben, S. 230.

60 Austen, Die Watsons/Lady Susan/Sanditon (E-Book), S. 176.

61 Austen, Die sechs Romane: Mansfield Park.

62 Jane Austen, Emma (Stuttgart: Reclam Verlag, 2015), S. 104–105.

63 Ebd., S. 100.

64 https://medium.com/@anjamurez/jane-austen-the-undeserving-poor-42f6a0534639, zuletzt aufgerufen am 17.06.2021.

65 Myer, Jane Austen, S. 86, 212.

66 Austen, Emma (Diogenes), S. 101.

67 Myer, Jane Austen, S. 86, 212.

68 Shannon Winslow, Prayer & Praise. A Jane Austen Devotional (Heather Ridge Arts Publication, 2019), S. 92. Übersetzt von der Autorin.

69 Austen, Die sechs Romane: Emma.

70 Ebd.

71 Ebd.

72 Austen, Die sechs Romane: Mansfield Park.

73 Austen, Die sechs Romane: Emma.

74 Austen, Emma (Reclam 2015), S. 323.

75 Austen, Die sechs Romane: Emma.

76 https://theregencyworldofjaneausten.blogspot.com/2020/08/jane-austen-und-die-musik.html, zuletzt aufgerufen am 26.08.2021.

77 https://janeaustensworld.com/2010/07/12/jane-austen-and-music/, zuletzt aufgerufen am 26.08.2021.

78 Austen, Emma (Diogenes), S. 272.

79 Doody/Murray (Hrsg.), Jane Austen: Catharine and Other Writings.

80 Austen, Die sechs Romane: Emma.

81 Austen, Emma (Diogenes), S. 415.

82 Ebd.

83 Ebd., S. 420.

84 Austen, „Ich bin voller Ungeduld".

85 Doody/Murray (Hrsg.), Jane Austen: Catharine and Other Writings.

86 Austen, Die sechs Romane: Emma.

87 https://coramaysregency.wordpress.com/schreibstube/historische-anrede-sie-du-oder-ihr/, zuletzt aufgerufen am 04.10.2021.

88 Austen, Die Watsons/Lady Susan/Sanditon (E-Book), S. 116.

89 Jane Austen, Stolz und Vorurteil (Frankfurt am Main: Fischer Taschenbuch, 2015), S. 308–310.

90 Ebd., S. 310.

91 Jane Austen, Anne Elliot (Frankfurt am Main: Insel Verlag, 1988), S. 12. Der Roman ist auch unter dem Titel „Überredung" bekannt.

92 Austen, Emma (Diogenes), S. 199.

93 Austen, Ich bin so gütig, Dir wieder zu schreiben, S. 172.

94 Ebd., S. 171.

95 Ebd., S. 286.

96 Doody/Murray (Hrsg.), Jane Austen: Catharine and Other Writings.

97 Austen, Die sechs Romane: Stolz und Vorurteil.

98 Ebd.

99 Austen, Die sechs Romane: Emma.

100 Austen, Die sechs Romane: Kloster Northanger.

101 https://www.deutschlandfunk.de/england-auf-den-spuren-von-jane-austen.1242.de.html?dram:article_id=331623, zuletzt aufgerufen am 13.08.2021.

102 Doody/Murray (Hrsg.), Jane Austen: Catharine and Other Writings.

103 Austen, Die sechs Romane: Mansfield Park.

104 Austen, Die sechs Romane: Überredung.

105 Austen, Die sechs Romane: Emma.

106 Austen, Stolz und Vorurteil (Reclam, 2015), S. 232. Anm. d. Autorin: Der mehrseitige Brief wurde für die Andacht stark gekürzt.

107 Ebd., S. 222.

108 Doody/Murray (Hrsg.), Jane Austen: Catharine and Other Writings.

109 Myer, Jane Austen, S. 183.

110 Austen, „Ich bin voller Ungeduld", S. 22.

111 Austen, Stolz und Vorurteil (Reclam, 2015), S. 237.

112 https://www.welt.de/gesundheit/psychologie/article114446800/Der-erste-Eindruck-bleibt-weil-er-stimmt.html, zuletzt aufgerufen am 30.09.2021.

113 Austen, Stolz und Vorurteil (Insel), S. 209.

114 Ebd., S. 18.

115 Ebd., S. 386.

116 Ebd.

117 Ebd.

118 Austen, Stolz und Vorurteil (Reclam, 2015), S. 17.

119 Ebd., S. 23.

120 Doody/Murray (Hrsg.), Jane Austen: Catharine and Other Writings.

121 Austen, Die sechs Romane: Stolz und Vorurteil.

122 Jane Austen, Mansfield Park (Stuttgart: Reclam Verlag, 2015), S. 115–117.

123 Ebd., S. 107.

124 Ebd., S. 110.

125 Ebd., S. 111.

126 Ebd., S. 116–117. Die Satzstellung wurde leicht verändert.

127 https://ninevoices.wordpress.com/2017/07/18/mr-collins-and-mr-elton-our-favourite-jane-austen-clergymen/comment-page-1/, zuletzt aufgerufen am 08.07.2021.

128 Austen, Mansfield Park (Reclam, 2015), S. 115.

129 Austen, Ich bin so gütig, Dir wieder zu schreiben, S. 152.

130 Myer, Jane Austen, S. 221.

131 Ehrenwirth/Lieke, By a Lady, S. 141.

132 Ebd.

133 https://artuk.org/discover/stories/ten-women-who-used-pseudonyms-and-one-man, zuletzt aufgerufen am 26.08.2021.

134 Myer, Jane Austen, S. 177.

135 Myer, Jane Austen, S. 180.

136 Ehrenwirth/Lieke, By a Lady, S. 203.

137 Austen, Ich bin so gütig, Dir wieder zu schreiben, S. 218–219.

138 https://janeausten.co.uk/de/blogs/jane-austens-work/ms-jane-austen-royal-favourite-and-queen-of-sass, zuletzt aufgerufen am 13.09.2021.

139 Übersetzt nach: https://de.wikipedia.org/wiki/Emma_(Roman), zuletzt aufgerufen am 04.10.2021.

140 Austen, Emma (Reclam 2015), S. 584.

141 Austen, Ich bin so gütig, Dir wieder zu schreiben, S. 217.

142 Ebd., S. 218.

143 Möglicherweise stand ihr Tischchen auch im Esszimmer mit Blick zur Straße

144 Eine Freundin von Mrs Austen über das, was ihr in Jane Austens Romanen nicht fehlte. Myer, Jane Austen, S. 232.

145 https://heilig-land-wein.de/wordpress/wp-content/uploads/2020/07/PDF-Weinverzicht-und-Bibel.pdf, zuletzt aufgerufen am 04.10.2021.

146 Doody/Murray (Hrsg.), Jane Austen: Catharine and Other Writings.

147 Austen, Stolz und Vorurteil (Reclam, 2015), S. 200–201.

148 Ebd., S. 181.

149 Ebd., S. 198.

150 Ebd., S. 201.

151 Ebd., S. 200.

152 Austen, Ich bin so gütig, Dir wieder zu schreiben, S. 205.

153 Ebd., S. 240–241.

154 https://mh.bmj.com/content/31/1/3, zuletzt aufgerufen am 04.10.2021.

155 Doody/Murray (Hrsg.), Jane Austen: Catharine and Other Writings.
156 Austen, Ich bin so gütig, Dir wieder zu schreiben, S. 233.
157 Christian Grawe, Darling Jane (Stuttgart: Reclam 2017), S. 210.
158 Myer, Jane Austen, S. 290.
159 Heute vermutet man, dass Jane Austen an einer Autoimmunerkrankung starb, wahrscheinlich an der Hodkinschen oder der Addisonschen Krankheit, s. Myer, Jane Austen, S. 284.
160 Grawe, Darling Jane, S. 210.
161 Austen, „Ich bin voller Ungeduld", S. 205.
162 Ebd., S. 189.
163 Jane Austen, Verstand und Gefühl (Stuttgart: Reclam Verlag, 2015), S. 9.
164 Ebd., S. 9–10.
165 Ebd., S. 10.
166 Myer, Jane Austen, S. 52.
167 Austen, Die sechs Romane: Verstand und Gefühl.
168 Austen, Ich bin so gütig, Dir wieder zu schreiben, S. 83.
169 Grawe, Darling Jane, S. 211.
170 https://regencyredingote.wordpress.com/2013/10/18/the-regency-way-of-death-ladies-at-funerals/, zuletzt aufgerufen am 04.10.2021.
171 https://janeausten.co.uk/de/blogs/womens-regency-fashion-articles/regency-mourning-an-in-depth-look, zuletzt aufgerufen am 04.10.2021.
172 https://de.chabad.org/library/article_cdo/aid/1062067/jewish/Die-Grundlagen.htm, zuletzt aufgerufen am 04.10.2021.
173 https://dienste-in-israel.de/wp-content/uploads/2019/09/Shiwah-der-etwas-andere-Umgang-mit-dem-Tod-im-Judentum-Ralph-Zintarra-.pdf, zuletzt aufgerufen am 04.10.2021.
174 Austen, „Ich bin voller Ungeduld", S. 117.
175 Doody/Murray (Hrsg.), Jane Austen: Catharine and Other Writings.
176 Jane Austen, Überredung (Stuttgart: Reclam Verlag, 2015), S. 307–308.
177 Ebd., S. 288.
178 Ebd.
179 Austen, „Ich bin voller Ungeduld", S. 193.